1기 신도시
재건축 미래지도

자산 퀀텀 점프가 쉬워지는
지역 분석 바이블

1기 신도시
재건축 미래 지도

메디테라(정은숙) 지음

분당, 일산, 평촌, 중동, 산본
재건축 완전 정복!

다온북스
DAON BOOKS

영원한 상승도, 영원한 하락도 없다
호경기는 스스로 만드는 것

부동산 시장은 살아 있는 생물과 같습니다. 지구의 탄생 이후로 단 하루도 정확히 같은 날씨였던 적이 없는 것처럼 부동산도 언뜻 보면 비슷해 보이지만, 사실 매일매일 변화하고 있습니다. 그래서 부동산을 통한 자산 상승을 원한다면 변화하는 부동산 시장의 흐름과 트렌드를 반드시 파악해야 합니다. 적어도 내가 사면 떨어지고, 팔면 오르는 복장 터지는 일은 없어야 하니까요.

지역마다 편차가 있긴 하지만, 2012년과 2013년 사이 부동산 시장은 바닥을 찍었고 그후로 회복기와 상승장이 8~9년간 이어졌습니다. 물론 지금은 언제 뜨거운 시기가 있었나 싶을 정도로 급격한 하락기를

겪은 후 소강 상태입니다. 이후 경기침체가 오는 것은 아닌지, 그로 인해 부동산 가격도 더 하락하는 건 아닌지 걱정하시는 분들이 많습니다.

모든 일에 끝이 있듯, 부동산 역시 영원한 상승도, 영원한 하락도 없습니다. 우리나라의 가장 큰 경제 위기였던 IMF 외환 위기(1997년) 당시, 그리고 금융 위기(2008년) 당시에도 집값이 크게 하락했습니다. 그때는 부동산을 가지고 있으면 망하는 줄로만 알았습니다. 그런데 시간이 지나고 보니 그 시기에 급격하게 값이 떨어진 부동산(건물, 아파트 등)을 저렴한 가격에 매입한 사람들이 부자가 되었습니다.

지금 우리가 반드시 생각해 봐야 할 사항이 있습니다. 1980년대 말 '3저 효과(저금리, 저유가, 저달러)로 우리나라는 연평균 12퍼센트 이상의 눈부신 경제 성장을 기록하며 호황을 맞았습니다. 이전보다 훨씬 잘 사는 나라가 되었지요. 그런데 이때 여러분 개개인의 삶은 어땠나요? 나라가 12퍼센트의 "눈부신" 성장을 이룬 만큼 여러분도 "풍족한 삶"을 누렸나요? 살림이 나아져서 살맛 난다고 느낄 만큼 좋은 하루의 연속이었나요? 그렇지 않았습니다. 그저 전보다 덜 힘들었을 뿐입니다.

그러나 IMF로 나라가 어려워지니 어땠나요? 어려워진 나라보다 개인의 삶이, 가정의 경제가 더 큰 타격을 받았습니다. 나라가 잘산다고 꼭 개인도 잘살게 되는 것은 아닙니다. 반면에 나라가 기울면 타격은 더 거세게 받습니다. 결과적으로 개인의 경제는 국가 경제에 영향을 받을 뿐 "호경기는 스스로 만들어야 한다"는 것입니다. 그러니 재테크는 선택이 아닌 생존입니다.

길바닥에서 생활할 수는 없으니 집이 꼭 있어야 합니다. 우리나라 특성상 그 집을 어떻게 굴리느냐에 따라 자산이 크게 달라진다는 것은 여러분도 이미 뼈저리게 느끼고 있을 것입니다. 그렇지 않아도 어려운 부동산 시장인데 단 하루도 같은 모습이 없다고 하니 우리는 부동산 흐름을 열심히 공부해야 재산을 지킬 수 있습니다. 게다가 최근 부동산 가격이 많이 하락했습니다. 지금이 바로 똑똑한 부동산을 잡아 위기를 기회로 만드는 시기입니다.

부동산 투자의 장점은 시기에 따라 수익을 내는 투자법이 따로 있어 상승장이든 하락장이든 반드시 수익을 낼 방법이 있다는 것입니다. 그러니 우리는 시장 분위기를 파악해 그에 맞게 움직이기만 하면 됩니다. 요즘 들어 더욱 자주 찾아오는 듯한 경제 위기를 기회로 바꿔봅시다.

특히 지난 코로나 위기에는 '유동성 파티'로 인해 순간의 선택이 우리의 자산을 빠르게 바꿔놓았습니다. 그래서 흐름을 편승하지 못한 사람들은 상대적 박탈감을 느낄 수밖에 없었습니다. 흐름에 어떻게 타느냐, 부동산 트렌드를 어떻게 이용하느냐에 따라 자산이, 생활이 얼마나 달라지는지 뼈저리게 느끼게 된 것이지요.

2015년 상승장부터 발 빠르게 움직인 사람들은 전보다 풍족한 생활을 누리게 되었고, 미처 따라가지 못한 사람들은 제자리걸음하고 있습니다. 지난 8년은 지금껏 살며 단 한 번도 경험해 보지 못한 장이었습니다. 물론 지난 상승장은 트렌드를 파악할 필요도 없이 돈만 있으면, 그래서 좋은 땅, 좋은 아파트를 사면 돈 벌 수 있는 기회가 아니었냐고 반문하실 수도 있습니다. 개인적으로는 전혀 아니라고 말씀드리고 싶지만, 현실적으로는 그 말도 틀린 말은 아닙니다.

하지만 놓치지 말아야 할 것은 부동산 시장에서 그것은 아주 일부였다는 것입니다. 사실 그 시기에 돈이 있다고 다 돈을 번 것은 아니며, 투자했다고 다 성공한 것도 아닙니다. 게다가 지금은 상승장에 무턱대고 투자한 사람들은 불구덩이에 빠진 것처럼 고통받고 있습니다. 결국 시장이 어땠느냐도 중요하지만, 자신이 어떻게 했느냐에 따라 결과가 달라진다는 것입니다.

잘 모른다고 고개를 돌려버리면 지금 같은 어제보다 가난해진 오늘의 나를 만나게 될 뿐입니다. 《알면서도 알지 못하는 것들》이라는 책에 이런 구절이 있습니다.

역설적으로 가장 돈을 벌기 좋은 시절은 언제나 지금이다.

생각은 경기보다 우선한다.

호경기는 돈 벌기 가장 좋은 시기다.

생각을 바꾸면 불경기 역시 돈 벌기 좋은 때다.

우리는 늘 순풍을 기다리지만

인생이든 사업이든

방향이 정해지지 않으면

순풍이 무슨 쓸모가 있으랴.

가장 돈을 벌기 좋은 때란 이것을 알게 된 바로 지금입니다. 호경기
는 스스로 만들어야 합니다. 생각한 대로 움직여서 상황을 지배하면
경기(상황)를 넘어설 수 있습니다. 부동산은 급락했지만, 긍정적으로
생각해보자면 그만큼 저렴해졌으니 전보다 성공 가능성이 더 커졌
다고 볼 수 있습니다. 성공의 씨앗을 뿌리고 순풍을 기다려야 합니
다. 위기의 시기가 끝났을 때 뿌려둔 씨앗이 없으면 추수할 것도 없
습니다. 다른 이들이 풍요로움을 누릴 때 나는 또 가슴만 치고 있어
야 합니다. 이제 미리 공부해서 풍요로움을 만끽하기로 합시다. 이

책이 여러분에게 수확을 이끌어내는 성공의 밑거름이 되길 간절히
바랍니다.

차례

1장 안전하고 가성비 좋은 아파트를 가질 기회, 바로 재건축에 있다!

6장 평촌과 함께 가는 산본 신도시

안전하고 가성비 좋은 아파트를 가질 기회, 바로 재건축에 있다!

현재
부동산 시장 상황은?

2021년 9~10월 이후 부동산 시장은 하락세를 겪기 시작했습니다. 2020년 유동성 파티로 급격히 상승했던 가격의 거품이 빠르게 꺼진 것입니다. 부동산은 그 값이 급격하게 상승해도, 급격하게 하락해도 각종 부작용이 나타납니다. 그때마다 정부는 규제 또는 완화 카드를 사용하여 부작용을 줄이고자 합니다.

정부는 이번에도 2022년 하반기부터 거미줄처럼 촘촘했던 규제 정책을 적극적으로 푸는 노력을 들였습니다. 심지어 2023년 1월 3일에는 규제 완화 정책의 '종합 선물 세트'라고 불릴만한 대책을 발표하기도 했습니다. 강남 3구와 용산을 제외한 전 지역을 조정 지역에서 해제하고, 분양 시장의 규제를 대거 해제하고, 다주택자들에 대한 일부 규제와 대출 및 금융 규제도 완화했습니다. 마음이 얼마나 급했는지, 2월 법 개정이 필요한 항목도 대거 포함해 적극적으로 법 개정을 통과시키겠다, 소급 적용도 하겠다며 적극적인 모습을 보였습니다.

고무적인 것은 고금리로 부동산 매수 심리를 강하게 눌러왔던 금융 규제도 풀었다는 것입니다. 1월 30일부터 신청 가능했던 특례보금자리론이 나오면서 9억 원 이하 주택에 한해 3퍼센트대 대출이 가능해지면서 시장이 반응하기 시작했습니다. 사실 22년 하반기부터 각종 규제 정책을 완화하고 풀어주었지만, 부동산 시장의 반응은 언 발에 오줌 누기라며 냉담할 뿐이었습니다.

그런데 1.3 대책 전후로 조금씩 반응이 보이더니, 특례보금자리론이 시중에 나온 후로는 반응이 더 확실해졌습니다. 가격이 너무 높아 엄두도 못 냈던 이들이 이번에는 움직이기 시작했습니다. 평수를 넓히려고 했던 이들도, 상급지로 이사를 원했던 이들도 이제 움직이기 시작한 것이죠.

물론 아직은 전반적인 부동산 시장이 얼어 있는 것이 맞습니다. 하지만, 이전과는 확연히 다른 모습으로 움직이는 지역과 단지들이 속속 늘고 있습니다. 빠른 움직임을 보였던 단지의 부동산 중개인들은 "지난 12월(2022년)이 저점이었다. 급매는 1월(2023년)에 다 나갔다. 이제는 일부 값이 오른 매물만 남았다"며 입을 모으기도 합니다. "어차피 바닥에 사기는 힘들어. 미리 가보지 않고서야 알 수 없으니까. 그러니까 안전하게 확인하고 갈 겸 발목이나 무릎에 사면 좋잖아. 지금이 발목

쯤이야. 지금이 움직일 때야"라고 조언하기도 합니다.

　여러분이 이런 이야기를 현장에서 들었다면 어떻게 하시겠어요? 관심 있던 부동산이 이런 상황이라면 바로 달려가야 할까요? 절대 아닙니다. 먼저 자기 자신에게 물어야 합니다. 여유 자금이 있고 실거주 목적이어서 절대적인 가격이 싼 것이 중요하다면 지금 움직이는 것도 나쁘지 않은 선택입니다. 그러나 여유 자금이 없고 당장 실거주할 상황이 아니라면 주변의 공급 물량을 확인하고, 금리가 확실하게 동결 또는 인하되는 시점까지 기다렸다가 위험성이 낮아진 후에 움직이는 것이 나을 수 있습니다.

　이처럼 개인의 상황에 따라 선택이 다를 수 있습니다. 그러니 무엇보다 자신의 상황을 면밀히 따져보고 마음 편히 자산을 키울 수 있는 선택을 해야 합니다. 의외로 자신이 무엇을 원하는지, 무엇을 좋아하는지 정확히 모르는 경우가 많습니다. 그러니 자신과의 대화를 충분히 해두어야 합니다. 뿐만 아니라 시장 흐름도 미리미리 알아둬야 합니다. 이번에는 자산을 키울 기회를 잡아야 하니까요. 이제 그 기회를 잡기 위해 이전의 상승장부터 이후 변화한 부동산 시장까지 함께 알아보도록 합시다.

부동산 시장
알차게 활용하기

2012년, 2013년만 해도 이전부터 하락한 시간이 길었기에 집값은 계속 떨어질 거라는 생각이 짙었습니다. 집을 사려는 사람보다 전세나 월세로 거주하려는 사람이 더 많았습니다. 이때는 부동산 가격이 떨어진 채 유지되던 시기입니다. 부동산 경기가 안 좋으니 건설사도 몸을 사리며 아파트 공급에 소극적이었습니다. 당시 도산한 회사도 꽤 많았습니다. 그래서 시간이 지날수록 시장에 공급되는 집이 부족하게 됩니다.

전세를 찾는 사람(수요)은 많은데 전세로 나온 집(공급)이 적어 전세 가격이 상승하게 됩니다. 그러나 언젠가 집값이 떨어질 것이 두려웠던 사람들은 계속해서 전세나 월세를 찾았습니다. 이러한 상황이 오래 지속되자 전세가는 더 빠르게 상승하고, 매매가와 전세가의 차이(갭 (Gap))는 빠르게 줄어들었습니다. 그래서 적은 금액(매매가에서 전세가를 뺀 금액)으로 집을 사는 '갭 투자'의 시기가 도래하게 된 것이죠. 매매가는 3억에 동결되어 있는데 전세 대란으로 인해 전세가는 2.3억, 2.5억, 2.8억으로 빠르게 오르는 것입니다. 2013년 초창기에 집을 사는데 7,000만 원이 필요했는데 2015년에는 2,000만 원만 있으면 집을 살수 있게 된 것입니다.

> 💡 **갭 투자 시기**
> 매매가는 안 오르고, 전세가는 빠르게 올라 전세를 끼고 집을 살 때 돈이 적게 드는 부동산 환경이 조성되었던 시기.

게다가 2013년 4월 1일에는 신축 미분양 주택, 준공 후 미분양 주택, 1가구 1주택자의 집을 사는 사람은 5년 동안 양도세를 감면해 주겠다는 부동산 활성화 정책이 발표되었습니다. 이 정책이 발표되자 비로소 부동산 시장에 훈풍이 불면서 시장이 살아나게 되었습니다. 투자자는 물론 실거주자 수요까지 빠르게 합류하여 매수 심리가 살아난 것입니다. 그리하여 '대세 상승장'이라는 이명이 생길 정도로 부동산 시장은 뜨거워지게 되었습니다. 이 시기에는 '갭 투자'라는 말이 일상 용어처럼 사용되었고, 대학생도 갭 투자를 한다는 말이 있었습니다. 500만 원 정도의 소액만으로도 투자를 할 수 있었고, 상승장의 흐름 역시 강했던 시기였으므로 얼마나 집을 얼마나 많이 가졌느냐에 따라 수익이 극대화되는 시기였습니다. 말 그대로 아래의 공식이 적용되던 시기였습니다.

$$시세\ 차익 \times 집\ 개수 = 수익$$

물론 묻지마 투자를 한 모든 사람이 돈을 번 것은 아닙니다. 적어도 옥석을 가릴 수 있는 눈을 가졌거나, 부동산 공부에 시간과 노력을 들여 사기당하지 않을 정도의 지식을 갖춘 사람들의 자산이 증가한 것이죠.

이러한 현상이 주변에서 비일비재하게 일어나니 너도 나도 집을 사고 싶어 하는 분위기가 형성되었습니다. 자연스럽게 투자에 참여하는 사람들(매매 수요)이 빠르게 늘어나 시장은 더욱 빠르게 과열되었습니다.

반면 정부는 과열되는 부동산 가격을 잡기 위해 '부동산 규제 정책' 카드를 꺼내 시장을 압박하기 시작했습니다. 부동산을 거래하거나 많이 보유한 경우 부담을 느끼도록 세금을 높이는 등 여러 장벽을 만들어 수요를 누르려 했습니다. 한 번으로는 효과가 없자 스무 번도 넘게 각종 규제가 발표되었습니다. 그러나 한번 과열된 부동산 시장은 이러한 규제에도 아랑곳 않고 상승하다가 세계적인 인플레이션 위기를 맞고 긴축 정책이 강하게 시행되면서 하락하게 된 것입니다.

부동산 시장은 이렇게 흘러왔고 시기에 따라, 또 변화에 따라 트렌드도 바뀌었습니다. 2015년 대세 상승장에서는 수익이 나는 주택의 개수가 많으면 많을수록 자산 상승이 빨라지는 투자법이 트렌드였습니다. 그러다가 2017년부터 규제 정책이 발표되어 세금의 부담이 커지며 다다익선보다는 '한 채를 갖더라도 가치가 높은 부동산을 보유하자'는 흐름으로 바뀌게 됩니다. 일명 '똘똘한 한 채'로 흐름이 바뀌게 된 것이죠. 이런 식으로 부동산 시장은 환경에 따라 변화하며 흐름이 바뀌게 됩니다.

이후 2022년 대선까지는 '그간 공급이 너무 부족했다. 그래서 집값이 이렇게 상승한 것이다'라는 생각이 지배적이었고 때문에 주택 공급에 주력하게 됩니다. 또한 사람들이 거주하길 원하는 곳에 주택을 공급하기 위해 서울, 수도권 주택 공급 방법을 적극적으로 고심하게 됩니다. 인프라나 거주 환경이 좋은 서울 및 수도권에는 이미 오래된 아파트가 자리를 차지하고 있어 빈 땅이 없기 때문입니다. 지금 부동산 시장의 트렌드가 재개발, 재건축이 된 이유가 바로 이것입니다. 재개발, 재건축이 이슈로 떠오르면서 1990년대 초 200만 호가 공급되었던 1기 신도시 역시 자연스럽게 관심을 받게 되었습니다.

재건축, 재개발 트렌드를 타고 급부상하는 1기 신도시

1기 신도시 아파트 중에는 지은 지 30년이 넘은 것도 있고, 이제 막 30년이 되는 것도 많습니다. 뿐만 아니라 대부분 비슷한 시기에 공급되어 한꺼번에 바꾸기는 어렵습니다. 처음부터 차근차근 세심하게 진행해야 문제가 생기지 않을 것입니다. 더 큰 문제는 1기 신도시의 아파트는 대부분 고층 아파트라서 사업성이 적다는 것입니다. 보통 1시 신도시 아파트는 높이가 15층 내외이며, 분당에는 간혹 30층 높이의 아파트가 있을 정도로 기존 용적률이 높습니다. 1기 신도시의 평균 용적률은 200퍼센트 전후로 재건축 인한 사업성은 좋지 않은 상황입니다.

기존 아파트를 부수고 새 아파트가 들어선다 해도 기존보다 층수를 더 올릴 수는 없으니 건설사 입장에서도, 조합원 입장에서도 이득이 별로 없습니다. 수익을 기대하기 어려우니 재건축하겠다고 나서는 단지나 건설사를 찾기도 힘들 것입니다. 그래서 2022년 대선에서 '1기 신도시 특별법'을 만들어 용적률을 높여주겠다는 공약을 내건 것입니다. 또한 역세권은 특별히 500퍼센트까지 더 높여준다는 조건 역시 내걸었습니다.

사람들은 이제 이렇게 생각하게 됩니다.

'1기 신도시가 재건축의 주축이 되겠구나.'

그래서 이 발표 이후 1기 신도시의 값은 또 한 번 오르게 되었습니다. 사람들의 기대감이 가격에 반영된 것이죠.

💡 **용적률이란?**

건물을 지을 때 얼마나 높이 지을 수 있는지, 그 높이를 정해 놓은 것입니다. 예를 들어 넓이가 100평인 땅에 50평인 4층짜리 건물이 있었다면 용적률은 200퍼센트입니다. 만약 용적률을 200퍼센트에서 300퍼센트로 높여준다면 2층을 더 올릴 수 있으니 땅과 건물의 가치가 오르게 됩니다.

💡 **건폐율이란?**

건물을 지을 때 얼마나 넓게 지을 수 있는지, 그 넓이를 정해 놓은 것입니다. 예를 들어 100평짜리 땅이 있더라도 그 땅 전체에 건물을 지을 수는 없습니다. 차도, 인도 등 기타 제반 시설이 필요하기 때문입니다. 그래서 일정 비율에만 건물을 지을 수 있도록 건폐율을 정합니다. 만약 100평의 땅에 적용된 건폐율이 50퍼센트라면 대지 중 50평에만 건물을 지을 수 있습니다.

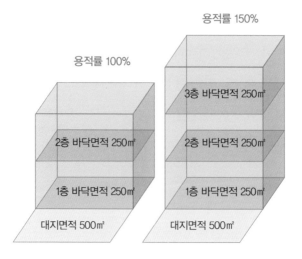

용적률 150%

용적률 100%

3층 바닥면적 250㎡

2층 바닥면적 250㎡

2층 바닥면적 250㎡

1층 바닥면적 250㎡

1층 바닥면적 250㎡

대지면적 500㎡

대지면적 500㎡

| 용적률 비교

이후에는 어떻게 되었을까요? 사람들은 얼마 안 가 실망했습니다. 시장에는 '실망 매물'이란 이름으로 매물이 증가하기도 했습니다. 1기 신도시 특별법을 만들어 혜택을 준다고 해서 기대감이 치솟았는데, 그저 말뿐이고 실제로는 너무 조용한 겁니다. 항의가 빗발치니 국토교통부에서는 거듭 진행을 서두르겠다고 표명했습니다. "2024년 마스터 플랜을 발표하기 전, 2023년 2월에 '1기 신도시 특별법 가이드'를 먼저 발표하겠다"고 말이지요.

그러나 이 점을 아셔야 합니다. 1기 신도시에 내 집 마련을 하든, 자산 증식을 위해 투자를 하든 장기전이라는 것을요. 당장 1기 신도시 내 구축 아파트가 신축 아파트로 변하는 것을 보겠다며 달려들어서는 안 된다는 것입니다. 법을 새로 만들고, 계획을 세워 기존 아파트를 부수고, 새 아파트가 들어서기까지는 15년에서 20년 이상의 오랜 시간이 필요합니다.

그렇게 오래 기다려야 한다면 별로 아니냐고 반문하실 수도 있습니다. 만약 당장 새 아파트에 입주하고 싶다면 1기 신도시는 적합하지 않습니다. 내 집 마련의 방법으로 실거주하는 집에 투자 개념을 더하고 싶은 분들에게 적합합니다. 흔히 이것을 '몸테크'라고 합니다. 이는 생활에 불편함이 있더라도 감수하고 향후 기대되는 시세차익에 비중을 두고 거주하는 것을 말합니다. 연식이 오래된 아파트는 아무래도 불편할 수 있는데 재테크를 위해 이를 감수한다는 것이죠. 다행히 아파트는 낡았어도 주변에 인프라나 학군이 잘 갖추어져 있어 생활이 편리한 편입니다. 자녀가 어릴 때 입주해서 고등학교까지 졸업시키고 나면 시간이 훌쩍 지나있기 마련입니다. 실거주를 통해 일종의 시간 레버리지(leverage)를 하는 것입니다. 시간이 흘러 이사를 계획할 때, 재건축 진행으로 인해 이전에 샀던 가격보다 집값이 올랐다면 더 좋은 지역이나 아파트로 이사 갈 수도 있기 때문입니다.

실거주용이 아닌 투자용으로는 매력이 없는 걸까요? 그렇지 않습니다. 1기 신도시는 일반적인 저층 재건축 아파트 투자에 비해 전세가가 높게 형성되어 있어 재건축 투자치고는 소액 투자가 가능하기 때문입니다. 요즘 수도권에서 조합 설립 인가가 난 재건축 투자를 하려면 보통 5억 원 이상의 투자금이 필요합니다. 그런데 1기 신도시는 앞서 말했듯 다른 재건축 아파트에 비해 전세가가 높게 형성되어 있어 투자금이 적게 드는 편입니다.

또한 재건축 투자는 시장 참여자의 심리에 민감해 유리한 면이 있습니다. 작년에는 당장 재건축이 진행될 줄 알았는데 계획마저 2024년에나 세워진다고 하니 크게 실망한 사람들이 가격을 낮춰서 매물을 내놓았습니다. 이후 부동산 시장은 하락의 급물살을 타게 되었고, 가격은 더욱 떨어졌습니다. 부동산 시장은 시장 참여자들의 심리에 상당한 영향을 받는 분야입니다. 사람들의 심리가 곧바로 가격에 반영됩니다.

막 1기 신도시 특별법 개설 발표가 났을 때는 가격이 빠르게 오르고 매물도 자취를 감추었습니다. 그때 제가 가장 많이 받은 질문이 '지금이라도 1기 신도시 아파트를 사야 할까요?' 였습니다. 전 기다리시라고 했습니다. 1기 신도시는 단기간에 이득을 보는 것이 아니라 도중에 사업이 잘 진행되지 않으면 실망 매물이 나올 것이다, 그때 사도 늦지 않다고 말이지요. 1기 신도시 특별법이 발표되었을 때 부화뇌동(附和雷同)했다면 매물도 없어 사기 힘든 데다 높은 가격에 샀을 확률이 높습니다.

그런데 얼마 되지 않아 계획 발표가 늦어진다는 이유로 1기 신도시의 가격이 하락하고 바로 실망 매물이 나왔습니다. 부동산 시장의 악화로 가격이 더 떨어지기도 했습니다. 어떤가요? 부동산 투자는 장기전이라는 말이 바로 실감나지요? 그렇다고 천년만년 분위기가 안 좋은 것도 아닙니다.

2023년 2월 7일 화요일, 1기 신도시에 부동산을 가진 사람들이 오매불망 기다리던 '1기 신도시 특별법 가이드'가 「노후계획도시 정비 및 지원에 관한 특별법」(이하 '노후계획도시 특별법', '1기 신도시 특별법'으로 칭함)으로 바뀌어 발표되었습니다. 1기 신도시에 속하지 않은 노후주택을 가진 사람들의 항의가 빗발쳤던 것입니다. 1기 신도시만 특혜를 준다며 여론의 뭇매를 맞을 필요가 없게 범위를 확대하여 발표한 것입니다.

변경된 발표 내용을 놓고 보자면 결과적으로 혜택이 늘었고 상황도 그리 나빠진 것은 아닙니다. 다만, 1기 신도시 입장에서는 조금 아쉽게 되었습니다. 관심이 분산된 것이죠. 수요를 다른 도시들과 나누게 된 것입니다. 이전에는 1기 신도시 전부 관심을 받을 수 있었다면, 이제는 1기 신도시 내에서도 알짜 매물만 관심을 받게 될 것입니다. 결국 옥석 가리기가 더 중요해진 것이죠.

가치의 양극화가 더욱 심해져 어떤 단지는 많은 수익을 보지만, 어떤 단지는 손해만 볼 수 있기 때문입니다. 그러니 우리는 이전보다 더 열심히 공부하고 조사해야 합니다. 5개의 1기 신도시 중 어느 지역, 어느 단지가 옥석이 될지 앞으로 자세히 알아보도록 하겠습니다.

재건축이냐 리모델링이냐,
그것이 문제로다①
사업 절차 이해하기(0단계 프로세스)

1기 신도시는 현재 몸살을 앓고 있습니다. 새 아파트로 변신할 준비를 해야 하는데 어떤 옷으로 갈아입을지 선뜻 정하기가 쉽지 않기 때문입니다. 재건축이라는 옷도, 리모델링이라는 옷도 각각 장단점이 있어 결정이 쉽지 않습니다. 누구는 재건축이 좋다. 누구는 리모델링이 좋다 의견이 갈립니다. 여러분이라면 어떤 결정을 하시겠습니까?

갑자기 결정을 내리라니, 어리둥절할 것입니다. 하지만 1기 신도시 부동산 투자를 고려하고 있다면 미리 결정해둬야 합니다. 그래야 유리하기 때문입니다. 예를 들어 실거주 용도의 집이 필요해서 1기 신도시 아파트를 보고 있다면 이사 나올 시점이 언제인가에 따라 좋은 사업이 갈립니다. 만약 자녀가 이미 중고등학생이라면 초등학생 자녀를 둔 가정보다 이사 시기가 빠를 수 있습니다. 학부모가 되어 보면 알겠시만, 아이들 전학은 상당히 부담스러운 일입니다. 그런데 만약 자녀가 이미 학교를 졸업했다면 전학에 대한 부담이 없어 이사를 고려하기에 적합한 시기입니다. 이때 실거주하고 있던 집값이 많이 오른 상태라면 더욱 좋겠죠?

투자 물건을 고려하더라도 마찬가지입니다. 보통 재건축, 재개발은 사업 진행이 끝날 때까지 많은 시간이 걸리니 보물상자를 묻어둔다고 생각하고 장기 투자하시는 분들이 있습니다. 또 그와는 달리 자산이 별로 없어 빠른 자산 증식을 위해 치고 빠지는 전략, 즉 자산을 빠르게 회전시켜 목돈을 만들어야 하는 분들도 있습니다. 이 두 타입의 투자자들은 서로 다른 결정을 내려야만 합니다. 상황이 다르니 자신에게 더 유리한 사업을 진행하는 단지를 매수해야 합니다.

이제 매수 전에 미리 결정을 내려야 하는 이유를 아시겠나요? 그럼 이제 본격적으로 재건축과 리모델링 사업에 대해 알아보겠습니다. 매수를 고려할 때 가장 기본은 진행 절차의 차이와 장단점을 아는 것입니다.

재건축과 재개발은 기본적으로 절차가 비슷합니다. 다만 우리가 재개발이 제일 오래 걸린다고 알고 있는 것은 정해진 평형대로 나뉜 재건축보다는 정해진 평형이나 형식 없이 다양한 상황의 사람들이 살고 있다 보니 재개발 의견 취합이 훨씬 어렵기 때문입니다.

또한 재개발 분야는 적은 돈으로 매수를 고려하다 보니 '정비구역 지정'조차 되지 않은 구역을 매수하는 경우도 많습니다. 이 경우, 시군구에서 구역을 지정해 줄 때까지 한없이 기다려야 할 수도 있습니다. 주민들의 의견 취합이 문제라면 적어도 설득이라도 해서 속도를 내볼 수 있습니다. 그런데 구역 지정은 손 놓고 기다려야만 합니다. 그러니 투자를 결정할 때는 이러한 요소를 미리 확인하고, 어느 단계 이상 진행되어야 안전한지, 실제로 진행 가능한 것인지, 나에게 유리한 사업이 어떤 것인지 알고 선택해야 합니다.

재건축 투자 시
반드시 알아야 할 진행 절차

재건축의 단계는 크게 4단계로 나눌 수 있습니다. 다음의 표는 이해하기 쉽도록 제가 임의로 단계를 나눈 것입니다.

1단계는 시군구청 등 정부에서 진행하거나 승인해 주어야 하는 '정비 계획 수립 및 정비 구역 지정 단계'입니다. 시도지사가 정하는 도시주거환경 정비 기본 계획 수립은 5년마다 타당성 여부를 확인합니다. 이때 안전진단이 시행됩니다. 문재인 전 대통령 정부에서는 이 안전진단 과정을 까다롭게 만들어 통과를 어렵게 했기 때문에 재건축이 활성화되지 못했습니다. 그러나 지금은 반대 상황입니다. 기존의 안전진단 항목의 비중을 조율해 보다 통과하기 쉽게 만들었고, 「노후계획도시

• 주택재건축사업 추진 절차 •

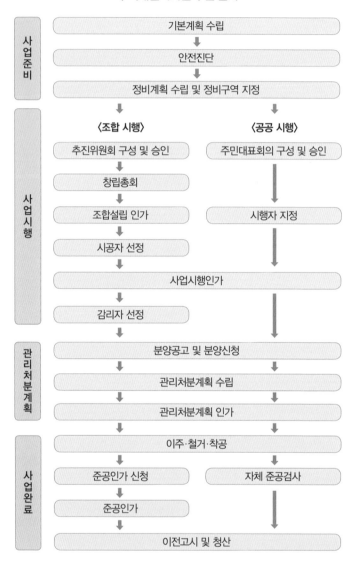

사업준비

- 기본계획 수립
- 안전진단
- 정비계획 수립 및 정비구역 지정

사업시행

〈조합 시행〉 | 〈공공 시행〉

- 추진위원회 구성 및 승인 | 주민대표회의 구성 및 승인
- 창립총회
- 조합설립 인가 | 시행자 지정
- 시공자 선정
- 사업시행인가
- 감리자 선정

관리처분계획

- 분양공고 및 분양신청
- 관리처분계획 수립
- 관리처분계획 인가

사업완료

- 이주·철거·착공
- 준공인가 신청 | 자체 준공검사
- 준공인가
- 이전고시 및 청산

정비 및 지원에 관한 특별법」을 발표해 안전진단 완화 및 년제 조건까지 만들었습니다.

2단계는 지정된 구역 내 추진위원회가 설립되어 거주민들에게 사업에 대한 동의를 구하는 과정으로 시작됩니다. 조합 설립을 위한 필수 동의율에 해당하는 동의서가 모이면 조합 설립 인가를 받게 됩니다. 이후 조합장도 뽑고, 조합원들이 모여 본격적인 사업이 진행됩니다. 보통 조합 설립 인가가 되어야 그나마 사업 초기 단계라고 인정할 수 있습니다. 물론 조합 설립 인가가 났다고 해서 무조건 사업이 끝까지 가는 것은 아닙니다. 중간에 멈추거나 엎어질 수도 있지만, 적어도 사업을 진행할 발판은 만들었다고 보는 것입니다. 그래서 부동산 시장의 분위기가 좋다면 구역 지정이 되고 한 번, 조합 설립 인가가 나고 한 번 이렇게 단계별로 부동산 가격이 상승하기도 합니다.

그 이후 지역에 따라 시공사 선정과 사업시행 인가의 순서가 바뀔 수 있지만, 서울을 제외하고는 보통 시공사 선정이 선행되는 편입니다. 시공사 선정은 건설사를 결정하는 과정입니다. 만약 대형 건설사가 붙는다면 향후 지어질 단지에 브랜드 가치가 생길 뿐만 아니라 대출도 순조롭고, 돈이 없어서 사업 진행이 멈추는 일 따위를 겪지 않을 확률이 높습니다. 게다가 일반 분양을 할 때도 인기가 좋겠지요.

사업 시행 인가를 시작으로 사업은 중반을 넘어서게 됩니다. 사업 시행 인가는 '사업을 어떻게 진행하겠다'라는 계획을 만들어 나라에

허락받는 과정입니다. 감정평가 과정이 이 단계에 포함되어 있는데 이는 보유한 집의 가치를 가격으로 평가받는 것입니다. 조합원들은 소유한 집의 대지 지분에 따라, 또한 로얄층, 로얄동 등 평가 요소에 따라 같은 단지에 있더라도 감정평가 금액이 다르게 판정됩니다. 그러니 매수 시 같은 단지라 하더라도 좀 더 좋은 위치, 동호수 등의 조건을 따져봐야 하는 이유가 이것 때문입니다. 사업 시행 인가가 난 뒤에는 또 한 번 아파트 가격이 들썩이게 됩니다.

이제 3단계 '관리 처분 계획 단계'입니다. 관리 처분 계획 인가가 나면 우선 재건축 사업 관련자들은 한숨 돌릴 수 있습니다. 이 단계까지 도달하면 재건축 사업이 엎어질 일은 없습니다. 관리 처분 계획 인가 이후에는 이주 및 철거가 시작되기 때문입니다.

또한 이 단계에서는 몇 가지 절차가 더 있습니다. 조합원들을 대상으로 추후 받고 싶은 평형대 신청을 받습니다. 조합원들이 많이 원하는 평형대에 따라 새로 지어지는 단지의 평형 구성에 영향을 주기도 합니다. 물론 절대적인 것은 아니며 조합의 요구를 시공사가 반영해준다는 의미입니다. 조합원 신청 후 잔여분은 일반 분양을 하게 됩니다. 일반 분양 세대 수가 많을수록, 분양가가 높을수록 사업성이 좋아지고 조합원들의 추가 분담금이 줄어듭니다. 그렇게 3단계 관리 처분 인가를 받으면 이주 날짜가 정해지고, 조합원들은 이주비를 받고 이사를 나가게 됩니다.

전 세대가 이주하면 건물을 부수는 철거가 시작되고 착공하는 4단계 '사업 완료 단계'가 시작됩니다. 이 단계는 사실 크게 문제 될 일이 없습니다. 다만 최근 이슈였던 '둔촌주공 사태'는 이례적입니다. 코로나 이후 인플레이션이 심해지면서 자잿값이 많이 올라 이전에 미리 공사비 계약을 끝내두었던 건설사들은 손해를 보며 일하게 된 상황이 된 것입니다. 그래서 '둔촌주공 사태'가 벌어진 것이죠. 물가도 오르고, 추가로 시행하는 공사도 있어 공사비를 증액하기로 했는데 조합장이 바뀌면서 공사비 증액을 없던 일로 돌리자 시공사업단(현대건설, HDC현대산업개발, 대우건설, 롯데건설)이 2022년 4월 공사를 중단한 것입니다. 같은 해 8월, 공사중단 4개월 만에 최종적으로 합의하고, 11월에 공사가 다시 시작되었지만, 비용이 1조 원이나 추가되는 결과가 나왔습니다. 하지만 이는 시기와 각종 변수가 겹쳐서 벌어진 이례적인 일입니다. 그러니 지레 겁먹을 필요는 없습니다.

리모델링 투자 시
반드시 알아야 할 진행 절차

이제 리모델링의 진행 절차에 대해 알아보겠습니다. 리모델링은 재건축에 비해 절차가 간소합니다. 1단계인 사업 준비 단계에서는 기본 계획 수립만 하면 되고, 2단계 사업 시행 단계에서는 조합 설립 인가와 시공사 선정, 안전진단 1차, 건축심의, 사업 시행 인가를 거치면 됩니다. 이후 3단계에서 이주, 철거가 시작되고, 2차 안전 진단을 통과하면 착공, 준공으로 마무리됩니다. 물론 조합원 평형대 신청 및 잔여분이 있는 경우 일반 분양하는 것은 세부적인 진행으로 재건축과 같습니다. 이러한 절차는 조합원에서 진행하는 것이라 중요하게 여길 절차는 아닙니다.

재건축이든 리모델링이든 중요한 절차는 정부의 허가를 받아야만 진행할 수 있습니다. 조합 설립 인가를 받기 위해 동의서를 걷는 것도 결국은 정부로부터 인가를 받기 위한 조건을 충족하기 위한 것으로, 사업 진행을 어렵게 하는 요소가 결국은 사업 진행의 주요 요소가 됩니다. 느끼셨을지 모르겠지만, 재건축과 리모델링의 절차도 거의 비슷합니다. 다만 리모델링은 재건축에 비해 절차가 조금 더 간단하다, 절차가 간소화되니 사업 진행 기간이 5년 정도 짧아질 수도 있다 이렇게 생각해도 좋습니다.

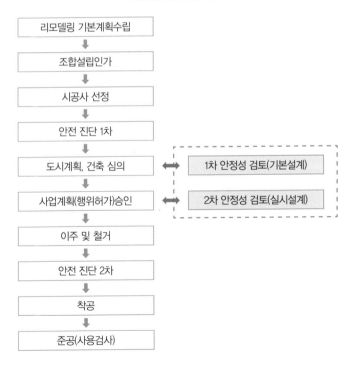

• 리모델링의 진행 절차 •

이렇게 재건축과 리모델링의 진행 절차를 간단하게 살펴보았습니다. 시중에서 판매하는 재건축, 재개발 전문 서적을 보면 절차만 해도 엄청난 분량을 자랑하며, 설명이 꽤 어렵습니다. 하지만 우리는 이 모든 정보를 알 필요는 없습니다. 우리는 투자를 하려는 것이지 학자가 되기 위해 공부를 하는 것은 아니니까요. 그러니 이제 재건축과 리모델링의 차이점과 장단점에 대해 알아보도록 하겠습니다.

재건축이냐 리모델링이냐, 그것이 문제로다 ②
재건축과 리모델링의 차이점, 그리고 장단점

재건축과 리모델링의 가장 큰 차이는 철거한 후에 새로 짓느냐, 골조를 남기고 새 아파트를 짓느냐입니다. 여기에서 결과물의 가치가 크게 나뉘기 때문입니다. 완전히 다 철거한 후 새 아파트를 짓는 재건축은 현시대의 기술과 모델을 최대한 살려 가장 좋은 구조와 골조를 바탕으로 짓습니다.

그에 비해 리모델링은 골조를 남겨야 하므로 구조를 변경하는 데 제한점이 있습니다. 특히나 기존의 적은 평형대에서 5~10평형 전후로 면적을 늘려야 하는 경우, 네모반듯한 구조가 아닌 직사각형 모양의 집이 나올 수 있습니다. 그렇게 되면 아무래도 흔히 3베이(bay), 4베이라 불리는 채광 면적이 넓은 구조로 만들기가 어렵습니다. 그중에서도

재건축		리모델링
전면 철거 후 신축	방식	대수선 또는 부분 철거 후 증축
30년 이상	연한	15년 이상
D~E 등급	안전진단 등급	A~C등급(수직 증축은 B등급 이상)
있음	법정 용적률 상한	없음
용적률 한도 내	증축 범위	가구별 전용면적의 30~40% 이내
제한 없음	가구 수 증가	기존의 15% 이내
있음	임대주택 건설 의무	없음
3,000만 원 초과 시 최고 50% 환수	초과 이익 환수	없음
조합 설립 후	조합원 지위 양도 제한	없음

2베이로 직사각형 모양에서 구조를 뽑는다면 모든 방에 햇빛이 골고루 들지 않는 집이 나오게 됩니다.

그리고 우리나라 정서와 문화상 좋아하는 방의 위치나 배치와 달라 생활 동선마저 어색한 구조가 나올 수 있습니다. 게다가 증축의 범위와 가구 수에 제한이 있어 상대적으로 사업성이 낮은 편입니다.

이러한 제한점도 있지만 리모델링에는 장점도 많습니다. 우선 사업을 진행할 수 있는 연한이 1/2 이상 짧아집니다. 재건축은 최초 건설이후 30년 이상 지나야 사업이 가능한데 리모델링은 15년만 지나도 사업을 시작할 수 있습니다. 더 낡기를 기다리지 않아도 된다는 것이죠.

또한 재건축의 규제사항을 피할 수 있습니다. 특히나 2021년까지 부동산 상승장이 이어지는 동안 재건축 사업은 각종 규제 정책 덕에 진행에 어려움이 많았습니다. 그러나 리모델링은 그런 부분에서 비교적 자유롭습니다.

그 대표적인 예로 '초과 이익 환수제'가 있습니다. 사업이 끝나고 아파트가 새로 지어지면 부동산의 가치가 상승할 수밖에 없습니다. 이렇게 1인당 일정 금액 이상을 넘어서는 개발 이익을 얻게 된 경우, 정부가 개발부담금 명목으로 그 이익을 세금으로 걷어갑니다. 노무현 전 대통령 정부 당시 이 정책이 만들어졌는데 2008년 이후 금융 위기가 온 후 재건축 아파트 사업 진행이 원활하지 않아서 실제로 적용된 경우는 많지 않았습니다.

그러나 부동산 규제의 일환으로 2018년에 부활해 지금까지 이어져 오고 있습니다. 하지만 초과 이익 환수제가 원활한 주택 공급이 필요한 시기에 장애가 된다고 하여, 2022년 9월 '재건축부담금 합리화 방안'을 발표했고 그 후속 방안은 다음과 같습니다.

정부는 재건축 부담 산정 기준액을 3,000만 원에서 1억 원으로 올리고, 7,000만 원의 구간으로 10퍼센트씩 부담 비율을 올리도록 개정안을 발의했습니다. 또한 1세대 1주택자의 경우, 장기 보유 기간에 따라 감면 비율을 두고, 만 60세 이상 조합원은 납부 유예 혜택을 준다는 방안을 마련하고 있습니다. 그렇지만 이를 충분한 조치로 여기는 의견은 적습니다. 이 제도는 여전히 재건축 활성화의 가장 큰 걸림돌로 여겨

재건축 이익 환수법 개정안 주요 내용

1. 재건축부담금 개시 시점
최초 추진 위원회 승인일 → 조합 설립 인가일

2. 재건축부담금 산정 기준

현행	3,000만 원	3,000만 원 초과 ~ 5,000만 원	5,000만 원 초과 ~ 7,000만 원	7,000만 원 초과 ~ 9,000만 원	9,000만 원 초과 ~ 1억 1,000만 원	1억 1,000만 원 초과
개정	1억 원	1억 원 초과 ~ 1억 7,000만 원	1억 7,000만 원 초과 ~ 2억 4,000만 원	2억 4,000만 원 초과 ~ 3억 1,000만 원	3억 1,000만 원 초과 ~ 3억 8,000만 원	3억 8,000만 원 초과
비율	면제	10%	20%	30%	40%	50%

3. 1세대 1주택 장기보유조합원 감면

보유기간	7년 미만	8년 미만	9년 미만	10년 미만	10년 이상
감면비율	10%	20%	30%	40%	50%

4. 1세대 1주택 고령 조합원 감면
대상: 부과 종료 시점 기준 1세대 1주택을 가진 만 60세 이상 조합원
유예 방법: 재건축 부담금 담보 제공 시 납부 유예 신청 가능

지고 있으나 예전에 비해 비교적 부담이 덜한 것은 사실입니다.

또한, 리모델링은 조합원 지위 양도에 제한이 없습니다. 재건축은 투기과열지구로 지정된 지역의 경우 조합 설립 인가 후, 재개발의 경우 관리 처분 계획 인가 후 매매를 통해 소유권을 넘기더라도 조합원 지위까지 같이 넘길 수 없습니다. 매매하더라도 조합원 지위가 없으니 입주권을 못 받고, 이전 가치로 환산해서 현금을 받게 됩니다. 그렇게

되면 돈만 묶이게 되는 상황이라 사람들은 매수의 필요성을 느끼지 못합니다.

그래서 반포주공 1단지의 경우, 조합원 지위 양도 금지 정책이 발표된 직후 기존 가격보다 2억 원이나 떨어진 급매물이 나오기도 했습니다. 그리고 가격을 낮춰도 거래가 되지 않았습니다. 어떤 느낌인지 아시겠죠? 당시 해당 단지 내 부동산 중개인들은 거래가 워낙 없으니 이미 다녀온 여름 휴가를 다시 떠나는 웃지 못할 상황을 자아내기도 했었습니다.

그렇지만 조합원 지위 양도가 되는 예외 규정도 있으니 알아두는 것이 좋습니다. 1가구 1주택자이면서 해당 주택을 10년 이상 보유했고, 5년 이상 거주한 사람의 경우에는 조합원 지위를 양도받을 수 있습니다. 그래서 재건축 아파트를 거래하려고 할 때는 조합원 자격을 받을 수 있는지 잘 알아봐야 합니다. 그러나 리모델링에는 이런 제한이 없으니 편하게 거래할 수 있습니다.

재건축은 임대주택을 일정 비율 이상 건설하여 제공할 의무가 있는데, 리모델링은 이 제도에도 영향을 받지 않습니다. 이외 용적률도 재건축은 법적 상한이 있지만 리모델링에는 법적 상한이 없습니다. 상대적으로 완공 시 가치가 덜 상승하니 그만큼 제한도 적어진다고 생각하시면 됩니다.

이렇게 재건축과 리모델링 사업이 진행 중이거나 예정인 아파트를 사려고 할 때 기본적으로 알아야 할 진행 절차와 장단점을 살펴보았습

니다. 이 내용들을 바탕으로 내 상황에 적용해보고 유리한 사업을 잘
고르시기 바랍니다.

재건축 이해를 위한
초간단 기초 용어 마스터

그간 재건축에 그다지 관심 갖지 않았던 이들 대부분은 큰맘 먹고 부동산 중개 업소를 찾아가도 난감하기만 합니다. 중개인이 친절하게 설명해 주어도 알아 들을 수 없기 때문이죠. 그래서 준비했습니다. 내가 '재건축 천재가 된 홍 대리'라고 생각하고 아래의 이야기를 따라가 보도록 합시다.

홍 대리는 한 달 전 10년간 열심히 부었던 적금을 탔습니다. 막상 적금을 탔지만 최근 부동산 가격이 무섭게 오른 것을 봐서 그런지 이 정도의 적금 이자로 언제 내 집을 장만하나 싶어 마음이 심란합니다. 그래서 이번에 부동산 가격도 많이 떨어졌겠다 살고 싶은 지역에 오래된 아파트를 미리 사두었다가 나중에 새 아파트가 되면 입주해야겠다고 생각했습니다. 멀리 보고 투자하는 것이니 부족한 돈은 열심히 일해서 모으면 이사할 수 있다는 희망을 갖고 말이지요.

그래서 주변 부동산을 찾아갔습니다.

홍 대리: 사장님, 재건축 아파트 좀 보러 왔어요.

부동산 중개인: 어서 오세요. 그래 어떤 물건을 원하시는데요?

홍 대리: 재건축 사업이 어느 정도 진행된 물건을 원해요. 사업 시행 인가 전후로요.

부동산 중개인: 좋은 시기에 오셨네요. 요즘 금리 인상 때문에 시장 분위기가 나빠 재건축 물건 거품이 쫙 빠졌어요. 투자금은 어느 정도 있으세요?

홍 대리: 투자금은 걱정하지 마시고 좋은 물건만 추려서 보여 주세요. '가성비' 좋은 것으로 보여주셨으면 좋겠어요.

부동산 중개인: 운이 좋으시네. 마침 오전에 좋은 물건을 받았지 뭐야. 여기에 있는 물건이예요. 입지가 좋기도 하고 작년에 사업 시행 인가 받았고, 얼마 전에 감정평가해서 감정가도 나왔어요. 이 매물 정말 괜찮아요. 돈만 좀 있었으면 내가 사고 싶을 정도라니까.

이게 말이지. 매매가는 6억이고, 전세 1억에 세입자가 살고 있어요. 대지 지분은 17평, 감정가는 4.5억 정도로 아주 잘 받지는 못했지만, 그렇다고 아주 못 받지도 않은 물건이야. 나중에 24평 받을 수 있는 물건이라니까. **무상지분율**로 3~4평 정도는 추가 분담금 없이 받을 수 있을 것 같아요. 그렇게 되면 나중에 **추가 분담금**은 3평 정도만 더 내면 돼서 나중에 부담도 크지 않다니까. 완전 좋지?

게다가 **이주비**는 무이자 대출로 40퍼센트 정도 나올 거 같고, 60퍼센트까지는 유이자로 더 받을 수도 있어서 나중에 필요한 돈은 더 줄어들기도 해. 이거 원래는 8억까지 거래되던 건데 요새 분위기 안 좋아서 2억이나 빠져서 떨어진 거야. 어때요?

홍 대리: ???

자, 호기롭게 부동산을 찾아간 홍 대리, 중개인과 대화하는 것 자체는 어렵지 않았는데 매물에 대한 설명을 듣고 머리가 하얘졌습니다. 분명히 한국어지만 모르는 용어가 많아 도통 알아들을 수 없기 때문이지요. 그럼 이제 이 용어들을 번역기 돌리듯 알아볼까요?

첫 번째, **대지 지분**입니다. 이는 아파트 전체 대지 면적을 가구 수로 나눈 것으로, 등기부에 표시되어 있는 면적을 말합니다. 대지 지분이 전용면적과 비교하여 높다는 것은 곧 용적률이 낮아서 더 많은 아파트를 지을 수 있다는 말입니다. 이는 재건축 아파트에서는 상당히 중요합니다. 대지 지분이 많을수록 감정평가액이 높게 나오고, 새 아파트를 받게 될 때 추가로 내는 금액도 줄어들기 때문입니다.

두 번째, 감정평가액입니다. 감정평가사가 재건축 단지에서 소유자들이 가진 아파트를 평가하게 됩니다. 감정평가사가 각 아파트 세대당 평가한 가치를 금액으로 나타낸 것이 감정평가액입니다. 같은 단지라고 해서, 같은 평수라고 해서 같은 금액이 나오는 것은 아닙니다. 동의 입지와 층 등 조건에 따라 평가 금액이 달라집니다. 또 주의하셔야 할 것은 만약 조합원의 부동산 감정가가 4.5억 원이더라도 4.5억 원을 다 보장받는 수 있는 것은 아니라는 것입니다. 평가된 감정가에서 비례율을 곱해서 나온 권리가액이라는 금액을 보장받게 되고, 나중에 새 아파트를 받을 때 권리가액을 뺀 나머지 금액(추가 부담금)을 내고 들어오게 되는 것입니다.

그럼 감정평가액 설명에서 새로 나온 용어, 비례율이 무엇인지 알아보겠습니다. 비례율이란 조합원 부동산의 가치가 새 아파트로 바뀐 후 얼마나 더 가치가 높아지느냐를 나타내는 비율입니다. 쉽게 생각하면 수익률이라고 할 수 있습니다. 비례율 구하는 공식은 재건축이 끝났을 때, 새 아파트의 총분양수입에서 총사업비용을 뺀 금액을 재건축하기 전 기존 단지 총평가액으로 나눈 값입니다. 조합원들은 당연히 감정가와 비례율을 곱한 금액인 권리가액이 높을수록 추가로 내는 비용이 적어지기 때문에 비례율이 높게 나오기를 바랍니다.

권리가액은 앞서 나왔던 내용이니 간단하게 정리하고 넘어가겠습니다. 권리가액은 감정평가사가 재건축 사업 시 소유자의 세대를 평가한 금액에 비례율을 곱한 금액입니다. 조합원 분양가가 나오면 권리가액을 뺀 나머지 금액을 추가 부담금으로 내게 됩니다. 그러니 조합원은 권리가액이 높게 나오길 바라겠죠?

다섯 번째, **무상지분율**, 즉 건설사로부터 보유한 대지 지분에 따라 서비스로 받을 수 있는 무료 면적의 비율입니다. 무상지분율은 용적률, 분양가, 시공비에 따라 달라지고, 무상지분율이 높을수록 조합원들은 추가 부담금에 대한 부담이 줄어들어 비율이 높을수록 좋습니다.

여섯 번째, **추가 부담금**입니다. 추가 부담금은 조합원 분양가가 권리가액보다 크거나, 원하는 평형대가 소유한 대지 지분과 무상지분 면적을 합친 것보다 클 경우, 조합원이 추가로 부담하게 되는 금액입니다. 만약 추가 부담금이 없어서 입주하지 못할까 걱정된다면 대지 지분과 무상지분을 합쳤을 때 추가 부담금이 나오지 않을 평형대로 신청

하는 것도 하나의 방법입니다. 그렇지만 지역마다, 단지마다, 시기마다 더 가치가 높은 평형대가 있기 때문에 꼭 평형별 가성비를 따져서 조합원으로서 신청하거나 재건축 물건을 사는 것이 좋습니다.

마지막으로 일곱 번째, 이주비입니다. 재건축을 하려면 기존 거주자가 이사를 가야 건물을 부수고 새 아파트를 지을 수 있습니다. 이주비란 이때 이사할 돈이 없는 사람들을 위해 빌려주는 돈입니다. 집주인은 이사비로, 세입자가 살고 있다면 보증금을 돌려주는 용도로 사용하는 것입니다. 조합에서 일정 금액까지는 무이자로, 그 이상은 별도로 산정된 이자를 내는 조건으로 돈을 빌려주게 됩니다. 물론 원한다고 그냥 막 주는 것은 아니고, 계약서를 첨부해 이주비 대출을 신청해야 합니다. 대출금도 예정된 감정평가액에서 정해진 비율만큼, 이주를 하는 날 짐을 다 비운 것을 확인하고 줍니다.

자, 이제 용어를 알았으니 홍 대리와 부동산 중개인의 내용을 다시 읽어보시기 바랍니다. 이제는 그리 어렵게 보이지 않을 것입니다. 물론 용어를 한번에 이해할 수 없으니 여러 번 확인해야 할 수도 있습니다. 부끄러운 것이 아닙니다. 처음부터 모든 것을 다 이해할 수는 없습니다. 그러나 처음부터 잘하는 사람은 없습니다. 좌절하지 마시고, 여러 번 읽어보세요. 한번 읽고 바로 이해하는 천재의 영역을 우린 바라지는 말자고요.

1기 신도시,
이제는 움직여야 할 때

1기 신도시 특별법을 기다리던 때에는 급할 것이 없었습니다. 1기 신도시는 결과물을 보려면 최소 15년에서 20년은 지나야 사업 결과를 볼 수 있는 도시이기도 하고, 2022년 하반기까지 가격이 급격하게 하락했기 때문입니다. 가격 추이를 따라가느라 시간의 여유가 있었습니다.

그러나 23년 2월 「노후계획도시 특별법」이 발표되었습니다. 특별법의 세부 사항은 지자체가 추후 발표해야 알 수 있지만 이전에 발표한 사항이 있으니 그동안 우리는 옥석을 가려둬야 합니다. 물론 이전 정부 때와 같이 발표와 동시에 반응이 뜨거워지지는 않습니다.

다만, 여유를 부리며 관망만 하기에 시간이 부족합니다. 본격적으로 옥석을 가릴 준비를 서둘러야 할 때입니다. 게다가 시기도 좋습니다. 이전에는 가격이 너무 올라 '넘사벽'인 곳이 많았으나 가격이 급락한 이후 적게는 몇천만 원, 많게는 몇억 원씩 떨어진 단지도 많습니다. 기회가 생긴 것입니다. 그러니 부동산 가치를 보는 눈을 만들어두어야 합니다. 원하던 것을 갖게 되는 그날을 꿈꾸면서 말이죠.

그런데 부동산 가격이 너무 무섭게 하락하기도 했고, 금리도 아직 확실한 동결 또는 인하가 시작된 것은 아니니 두려울 수 있습니다. 오해하지 말아야 할 것이 지금 당장 매수하라는 것이 아닙니다. 준비를 해두자는 것입니다. 돈이 생겼다고, 부동산 시장이 좋아졌다고 갑자기 나도 모든 것이 준비되지는 않습니다. 부동산 가치를 보는 눈이 하루아침에 생길 수는 없으니까요. 그래서 미리 지역을 알아두고 내 상황에 맞는 전략을 찾아두자는 것입니다.

일어나지도 않은 불안은 잠시 내려두세요. 생각을 멈추고, 눈을 감으세요. 그리고 이렇게 되뇌어 보세요. 걱정할 시간에 지금 내가 할 수 있는 일을 하자고 말입니다. 이 문장은 제가 컴퓨터 앞에 붙여놓고 늘 상기시키는 말입니다. 어떤 일을 하든 특히나 기존에 안 해봤던 새로운 일을 한다면 당연히 불안하고 두렵고 도망치고 싶어집니다. 하지만 그럴 때마다 도망친다면 늘 지금과 같은 삶을 살아야 합니다.

어제 내가 무얼 했는지, 과거에 오늘을 만들기 위해 무엇을 했는지에 따라 미래가 달라집니다. 지금의 시간을 허투루 흘려보내지 마세요. 그러니 흔들리는 마음일랑 잠시 내려놓고, 지금 할 수 있는 일을 하세요. 퇴근 후 휴대폰을 보며 쉬는 건 원하는 걸 이루고 해도 늦지 않습니다.

1기 신도시
이때 사세요!

    지금 여러분이 할 일은 상황에 맞는 지역과 단지를 골라두고 '저점 시그널'을 기다리는 일입니다. 저점 시그널이란 부동산 가격이 하락할 때 가격이 바닥에 왔음을 알리는 징후를 말합니다. 우리는 소망합니다. 바닥에 사서 머리 꼭대기에서 팔기를. 그러나 슬프게도 부동산 시장의 바닥은 신이 와도 알 수 없습니다. 일정한 규칙이 있는 것도 아니고, 시기에 따라 생성되는 많은 변수, 거기에 사람들의 심리까지 반영해 형성되는 것이 가격이기 때문입니다. 나도 하루에도 12번씩 변하는 내 마음을 종잡을 수 없는데 어떻게 그 많은 사람의 심리까지 전부 예측할 수 있을까요? 바닥은 알 수 없다고 생각하고 있는 것이 좋습니다.

    이처럼 바닥을 콕 집어낼 수는 없지만, 부동산 가격이 바닥에 가까워지고 있거나, 바닥을 지나 상승하고 있다는 것은 알아챌 수 있습니다. 이 시기가 되면 부동산 시장은 어김없이 저점 시그널을 보이기 때문입니다.

저점 시그널이 보이는 구간에서 움직인다면 리스크를 줄일 수 있습니다. 바닥이 확인되지 않은 시점에서 덜컥 샀다가는 더 깊은 골을 맞이할 수 있습니다. 하염없이 떨어지는 가격에 망연자실하며 속을 태우지 않아도 됩니다. 또한 수익을 더 많이 챙길 수 있습니다. 저점이 많이 지나 매수하게 되면 이미 가격이 많이 올라 매수 자체를 못 할 수도 있고, 수익이 줄어들기 때문입니다. 이전 상승장을 놓쳤던 분들, 상급지로 갈아타려고 하는 사람들은 이 시기를 손꼽아 기다리고 있습니다. 금리 인상이 안정화되고, 저점 시그널이 보이고, 상승의 트리거가 될 변수만 시장에 던져진다면 빠르게 움직일 사람들이 그만큼 많다는 것입니다.

그렇다면 이렇게 중요한 저점 시그널의 징후란 대체 무엇일까요?

우선 다음의 그래프를 봅시다. 이는 10년 주기설 그래프라는 것인데 이것을 이해하면 저점 시그널 또한 이해하기 쉬워집니다. 10년 주기설이라고 해서 거창한 것은 아닙니다. 부동산은 10년을 주기로 5년은 상승하고, 5년은 하락한다는 이론입니다. 그런데 실제 현실에서는 5년 상승, 5년 하락이 정확히 맞진 않죠? (서울을 기준으로) 이번 장만 보더라도 2013년이 저점이라고 했을 때 2021년 가을장 이후 하락이 시작

• 10년 주기설 그래프 •

C 구간:
초기 하락기

B 구간:
후기 하락기

C 구간:
초기 하락기

D 구간:
후기 하락기

A 구간:
초기 하락기

D 구간:
후기 하락기

됐으니 만 8년, 햇수로는 9년 동안 상승하고, 하락이 시작된 것입니다.

정확하지도 않은 걸 왜 이야기하는지 의아할 수도 있는데, 상승과 하락의 기간은 현실과 차이가 나더라도 패턴은 그대로 따라가기 때문입니다. 부동산은 실제로 상승과 하락을 반복하며 우상향하니까요. 그리고 현실에서는 워낙 변수가 많아 10년이라는 주기도 맞지 않고 각 구간별 가격의 등락 높이도 지역마다, 시기마다 다릅니다. 하지만, 후기 상승장이 끝나면 초기 하락장이 시작된다는 것은 변하지 않습니다. 그리고 후기 하락장이 끝나면 초기 상승장이 시작된다는 것도 불변의 진리입니다.

우리가 중요하게 여기는 저점 시그널은 하락장의 기간을 지나 후기 하락장의 막바지부터 초기 상승장을 진입하게 되는 시점에 보이는 모습이라고 생각하시면 됩니다. 위 그래프에서 파란 박스로 표시한 그 시점이 '저점 시그널이 보이는 구간'입니다. 우리는 그 구간에 진입하고 싶은 것이죠.

이제 매수 시점을 정하기 위해 저점 시그널, 즉 부동산 시장이 바닥 근처에 왔을 때, 보이는 징후(모습)에 대해 알아보겠습니다. 앞에서 이미 저점 시그널 구간이 후기 하락장 막바지에서 초기 상승장 초입이라고 말씀드렸습니다. 그러면 그 시기에 대한 이해를 위해 시장 분위기를 떠올려 보겠습니다.

후기 하락장 막바지 부동산 시장 상황은 처참합니다. 부동산 가격 하락이 시작되고 시간이 꽤 길게 지난 시점이기 때문에 부동산 시장은 안 좋은 모습이 아주 심각하게 나타나고 있을 시기입니다. 거래 절벽은 물론 급급매, 초급매도 안 산다는 분위기가 팽배하고 사람들은 내 집 마련보다는 전월세를 살려고 하는 수요가 많은 상황입니다. 청약 경쟁률이 떨어지는 것은 물론, 미분양도 넘쳐나고, 악성 미분양(준공 후 미분양)으로 건설사는 휘청이게 됩니다. 그러면 건설사는 각종 혜택을 뿌리며 제발 싸게라도 부동산을 분양받아 가라고 수요를 찾기 위해 머리를 싸맬 시기입니다.

2013년 저점을 찍은 그 시기에는 '2년 살아보고 결정해도 된다'라는 기상천외한 혜택을 주기도 했습니다. 살아보고 2년 후 집값이 떨어지면 안 사겠다고 하면 되니 나쁜 제안이 아니었습니다. 물론 약관을 잘 읽어보고 다른 제약사항이 있는 건 아닌지 꼼꼼하게 살피긴 해야겠지만요. 건설사는 이런 혜택까지 내세워 구매자들을 찾을 정도로 미분양에 휘청이게 됩니다. 도산하는 건설사들이 많고 주택 공급은 줄어들게 되는 시점이기도 했습니다.

부동산 가격은 어떻게 흘러갈까요? 초기 하락장에서는 가격 하락이 시작되면서 하락 폭이 점차 증가하게 됩니다. 1,000만 원씩 떨어지던 가격이 그 다음 달에는 2,000만 원씩 떨어지고, 다음에는 3,000만 원씩 떨어지는 등 시간이 지날수록 점점 더 큰 폭으로 가격이 하락합니다. 그러다가 후기 하락장에 들어서면 3,000만 원에서 2,000만 원으로, 더 지나면 1,000만 원으로 하락의 폭이 반대로 줄어들게 되는 것입니다. 그래도 가격 하락이 지속된다는 것은 변하지 않습니다.

다만 가격이 하락하는 속도가 줄어 숨을 고를 수 있게 된 것이지요. 그러다 어느 순간 더 이상 가격이 떨어지지 않고 그 가격대의 매물이 쌓이는 것을 확인할 수 있게 됩니다. 그렇게 일정 기간 이상 유지가 된다면, 쌓여 있던 매물 수가 줄어드는 시기가 옵니다. 20개씩, 30개씩 쌓여 있던 매물이 15개, 10개, 8개, 5개, 3개……, 이렇게 점점 줄어듭니다. 이렇게 형성된 가격이 무너지지 않고 매물의 수가 늘었다 줄었다 하면서 한동안 바닥을 다지는 모습을 보입니다.

그것과 비슷한 시기에 쌓였던 미분양이 줄어들고 휘청이던 전세가가 반등을 시작하게 되는 시기가 옵니다. 매매가가 많이 떨어졌던 일부 지역과 단지는 전세가보다 낮게 떨어졌다가 반등을 시도하기도 합니다. 그렇지 않은 단지들은 슬금슬금 가격이 오르는 모습을 보이기도

하고요. 물론 이때도 거래가 빨리 이루어지거나 가격이 빠르게 올라가는 것은 아닙니다.

간혹 다급한 사람 때문에 초급매로 더 싼 매물이 몇 개 나올 수 있으나 그 집이 거래된 후에는 다신 그 가격에는 매물이 나오지 않습니다. 급매 가격으로 다시 떨어지는 일은 없다는 것입니다. 가격이 더 이상 떨어지지 않는 시간이 길어지고, 거래가 일부 살아나면서 '부동산 시장에도 이제 봄은 오는가?'라는 제목의 뉴스가 보이기도 합니다. 그러한 분위기를 타면서 거래는 점점 더 살아나고, 가격이 조금씩 오르는 모습이 보이면 가격이 반등하는 저점 시그널 구간에 왔다고 판단하는 것입니다.

다만 저점 시그널 구간이라고 해도 다 같은 것은 아닙니다. 위에 나온 숫자에 따라 진입 시기가 달라지고 겪게 되는 상황도 달라질 테니까요. 1번 타이밍에 진입하는 사람은 의지가 확고하고, 행동파일 가능

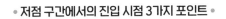

◦ 저점 구간에서의 진입 시점 3가지 포인트 ◦

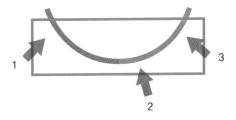

성이 큽니다. 징후가 약간 보이자마자 진입을 시도하는 사람이니까요. 이후 더 떨어질 수 있는 위험성도 아직 남아 있고, 변수 발생 시 반등의 시기가 길어질 수 있어 위험성이 있습니다. 2번 타이밍에 진입하는 사람도 1번에 진입하는 사람과 비슷하지만, 이들은 조금 더 추이를 지켜본, 나름 운이 좋고 신중한 행동파입니다. 3번 타이밍에 진입하는 사람은 돌다리도 두들겨보고 건너라는 가르침을 잘 지키는 신중파입니다. 저점이 확인되고 가격이 일부 올랐지만, 가격의 반등을 확인했기 때문에 1번이나 2번 타이밍에 진입한 사람보다 위험성은 훨씬 줄어듭니다. 그렇지만 상대적으로 높은 가격에 진입하게 될 수도 있습니다.

자, 언제 진입하는 것이 좋을까요? 여러분이라면 언제 진입하시겠습니까?

사실 정답은 없습니다. 1번 타이밍에 진입한 사람은 자칫 돈이 오래 묶여 있을 수 있다는 단점이 있지만 진입 자체를 못 하게 되지는 않습니다. 아무것도 안 하는 것보다는 차선이라도 실행하는 것이 보다 나은 결과를 얻을 수 있습니다. 로또에 당첨되려면 우선 로또를 사야 하는 것처럼, 부동산을 우선 소유해야 그 결과가 따라오기 마련입니다. 사실 대부분이 3번 타이밍에 진입하려고 합니다. 저점을 확인했고, 가격 반등도 확인이 되는 시점이니까요. 하지만 문제는 저점이 보이기 때문에 이미 가격이 오른 것처럼 보여서 매수 자체를 꺼리게 됩니다. 그러면 다음 저점 시그널을 기다리자며 매수를 포기해 버리는 사람들이 의외로 많습니다. 실제로 그런 분들이 대부분입니다. 이렇게 되면 소유할 기회를 잃어버리고 또 시간만 보내게 됩니다. 그렇기 때문에 내가 어느 시점에 진입해야 좋을지 그 타이밍은 본인만이 알고 있습니다. 본인에게 자꾸 물어보고 다양한 방식으로 질문해 보아야 합니다. 다시 한번 말씀드리지만, 나에게 맞는 방법이 가장 좋은 방법입니다.

부동산 투자를 시작하고 사춘기처럼 매일 스스로에게 질문을 했던 기억이 납니다. '내가 어떤 투자를 좋아하지?', '어떻게 해야 불안하지 않게 꾸준히 투자할 수 있을까?' 하고 말이지요. 내 집 마련이든, 투자든 다 행복해지자고 하는 것인데 불안해서 밤에 잠도 못 자고 생활이 불행해진다면 그것은 올바른 방법이 아닙니다. 투자 과정이 즐거워야 결과도 좋아지고 오래 지속할 수 있습니다. 그래야 자꾸 하게 되고, 자꾸 해봐야 실력도 수익도 같이 늘어나게 됩니다. 그러니 자신에게 맞는 투자 방법과 시기가 언제인지 스스로에게 자주 물어봐야 합니다.

2장

1기 신도시 대장주, 분당

분당의 3가지 품격

1기 신도시라고 묶어서 불리고 있지만 5개 도시 간 가격 차이는 꽤 나는 편입니다. 분당은 그중에서도 특징적이어서 '천당 위에 분당', '하늘 아래 분당'이라는 별칭이 따로 있을 정도입니다. 그만큼 분당이 좋다는 말인데 가격이 천정부지로 오른다는 뜻도 포함하고 있습니다. 이렇게 불리는 데에는 그럴만한 이유가 있기도 합니다. 1기 신도시 개발 당시부터 분당 신도시에는 '신도시의 새로운 모델'을 만들겠다는 또 하나의 목표가 있었기 때문입니다. 다른 신도시의 목적은 오직 서울의 수요 분산뿐일 때 말이지요. 얼마나 심혈을 기울였는지 예를 하나 들어보자면, 그 당시 신도시 개발을 관장하는 공기업인 한국토지공사, 대한주택공사 본사가 모두 분당으로 이전까지 하면서 일을 진행할 정도였습니다.

본사를 이전할 정도로 노력을 들여 만든 덕인지 분당은 오랫동안 고품격 도시로 꾸준히 사랑받고 있습니다. 분당에 사는 사람들에게도 남다른 자부심이 있습니다. 어디에 사냐는 질문을 받으면 경기도나 성남에 산다고 말하지 않고 '분당'에 산다고 콕 집어 이야기하는 것입니다. 사실 이런 질문을 받으면 대부분 도 단위나 시 단위로 답하고 넘어가는데 말입니다. 사실 모든 사람이 전국 방방곡곡 다 꿰고 있는 것이 아니기 때문에 구 단위를 말하면 모르는 사람이 태반입니다. 그런데 신기하게도 분당이라고 말하면 대부분 알아듣습니다. 그리곤 알게 모르게 '오~ 좋은 곳에 사네' 생각하게 됩니다.

분당이 오랫동안 명성을 이어갈 수 있었던 건 지역에 큰 강점이 있기 때문입니다. 바로 학군과 학원가입니다. 대치동, 목동, 중계동처럼 우리나라 3대 학군이라 불리는 지역은 아니지만, 교육정책이나 경제 흐름에 크게 영향을 받지 않고 중산층의 교육열을 대변할 수 있는 지역이라 생각합니다.

분당 신도시 남부 권역 단지 대부분은 학교 또는 학원가를 끼고 있습니다. 이게 정말 그렇게 대단한 이점인지 의아할 수 있지만, 그 조건을 택지 지역 내 단지 대부분이 골고루 가지고 있기는 생각보다 쉽지 않습니다. 괜히 '초품아(초등학교를 품고 있는 단지)' 단지나 학원가를 도보로 이용할 수 있는 단지의 선호도 높고 가격도 더 높은 것이 아닙니

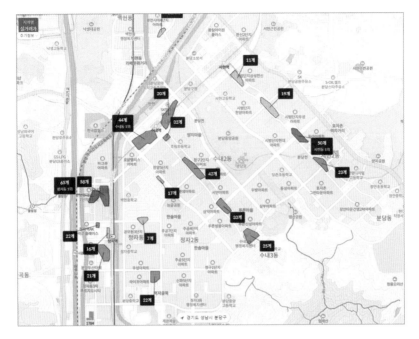

| 분당 신도시 학원가 위치

출처: 호갱노노

다. 그런데 그런 이점을 가진 단지가 분당에서는 80~90퍼센트 이상이라고 하면 정말 놀라운 일이죠.

어딜 가든 한쪽은 학교, 다른 한쪽은 학원가와 맞닿아 있습니다. 맞벌이 가정에 초등학교 저학년 자녀가 있다면 특히 등하교 및 등하원을 챙기기 어렵습니다. 때문에 어린 자녀를 둔 맞벌이 가정에서는 집에서 가깝고 안전하게 학교와 학원에 다닐 수 있는 단지가 있다면 이보다 희소식은 없겠지요. 다른 지역은 이러한 선택지가 적거나 아예 없는 곳도 있습니다. 게다가 학교가 있는 구역이 많다 보니 '학교환경위생정화구역' 제도 때문에 주변에 유흥상권이나 유해시설이 들어올 수 없습니다. 덕분에 아이들이 더욱 안전하게 생활할 수 있습니다.

또한 분당은 학군으로도 유명합니다. 분당에 속한 대부분 학교의 학업성취도 평가 비율이 높은 편에 속하지만, 그중에서도 더 높은 수준을 자랑하는 유명 학군이 있습니다. 서현중학교, 수내중학교, 내정중학교, 낙생고등학교, 분당중앙고등학교 등이 그 예입니다. 이 학교에 자녀를 입학시키기 위해 이사를 불사하는 학부모들도 많습니다. 이 학교에 배정받을 수 있는 단지의 몸값은 당연히 그렇지 않은 단지보다 높습니다. 시기에 따라서는 대기자가 있을 만큼 매력도가 큰 편입니다. 하지만 유명 학군이 아니라도 분당 내 학교라면 어디든 기본적으로 면학 분위기가 잘 조성되어 있어 이것을 바라고 다른 지역에서 이사를 오는 이들도 많습니다.

또한 신도시를 관통하는 역의 시작과 끝까지 대부분 학원가가 발달해 있습니다(각 지역당 학원 수: 서현동 121개, 수내동 195개, 정자동 95개, 미금동 62개). 학원이 밀집한 상권이 아닌 단지 내 자그마한 근린상가에도 학원은 빠지지 않습니다. 대표 학원가와 이런 근린 상권의 학원까지 생각하면 그 수는 미처 다 헤아릴 수 없을 정도입니다. 그래서 분당에 사는 학생들은 다른 지역 학생들에 비해 학원 때문에 고생하는 일이 적습니다.

분당의 또 다른 강점으로는 탄천이 있습니다. 도심에서는 보통 강, 산, 호수공원 정도는 갖춰야 산책로나 단지 뷰 등의 가치를 갖게 되는 경우가 많습니다. 그러나 분당의 탄천은 비록 강은 아니지만, 일반적인 천과는 다릅니다. 우선 졸졸 흐르는 시냇물 정도의 작은 규모가 아닐뿐더러, 다른 천과 같이 관리되지 않아 흉물스럽고 여름에 모기떼를 키우고 하수구 냄새로 인근 주민들의 원성을 사는 그런 천이 아닙니다.

| 정자역 주변에서 바라본 탄천의 모습, 탄천의 수질 상태와 물고기

얼마나 수질 관리가 잘 되는지 성인 팔뚝만 한 물고기들이 이리 많이 살고 있습니다. 물고기를 보는 재미는 물론, 분당의 시작과 끝까지 이어진 산책로에서 운동하기에도 수월합니다. 또한 자전거 도로도 잘 정비되어 있습니다. 이렇듯 천이라 불리지만 그 가치는 웬만한 자연환경을 가진 단지들과 어깨를 나란히 합니다.

전국 곳곳을 돌아다니며 좋은 단지를 많이 본 제게도 탄천은 특별하게 다가왔습니다. 신록과 단풍 등 계절의 아름다움도 한껏 느낄 수 있고, 산책하며 즐길 수 있는 여유도 참 좋았습니다. 놀라운 것은 분당은 사실 녹지 비율이 높은 지역이 아니라는 것입니다. 하지만 이것이 단점으로 언급되는 걸 들어보셨나요? 아마 거의 들어보지 못하셨을 것입니다. 왜냐하면 이 탄천이 훌륭히 자연환경의 역할을 톡톡히 하고 있을 뿐만 아니라 단지와 단지에 난 길에 작은 공원이나 산책로를 배치함으로써 이러한 단점을 극복했기 때문입니다. 옆 단지로 이동할 때마다 산책로를 만나니 녹지가 부족하다는 생각이 들지 않는 것입니다.

또한 탄천의 신기교를 따라 정자역을 넘어가면 또 다른 분당이 자리하고 있습니다. 자급자족 도시로서의 면모를 풍기면서 말입니다. 물론 판교가 있기에 분당구가 자급자족 도시로서 인정받고 높은 위상을 가질 수 있었던 것이기는 합니다. 그러나 분당 신도시 내로 구역을 한정한다고 해도 자급자족 도시로의 매력을 충분히 엿볼 수 있습니다.

정자역을 중심으로 대기업이 즐비해 있기 때문입니다. 우리나라 대표 포털 사이트인 네이버를 시작으로 두산, SK에 이르기까지 굵직굵직한 대기업이 자리 잡고 있습니다. 정자역 상권이 상당히 큰데도 불구하고 점심시간이면 인근 기업의 직원들로 문전성시를 이루는 모습을 심심찮게 볼 수 있습니다.

| 정자동에 위치한 네이버 사옥, 정자동 아파트 단지에서 바라본 대기업 사옥

부자 마인드가
살아 숨 쉬는 도시

경기도 성남이 아니라
분당에 산다고 말하는 이유

앞서 말했듯 분당에 사는 사람들은 보통 경기도나 성남시에 산다고 하지 않습니다. 분당에 산다고 콕 집어 말하지요. '좋은 지역에 산다고 티 내고 싶어서 그런 거 아니야?'라고 생각하실 수 있습니다. 물론 그런 마음도 있겠지만, 분당은 나름대로 그럴 만한 명분이 있습니다. 행정구역상 '경기도 성남시'에 속해 있지만, 부동산 가격의 흐름과 특징은 경기도가 아닌 서울을 따라가는 지역이기 때문입니다. 그런 면에서 더더욱 분당과 경기도를 분리해서 바라보는 것이 이 지역을 이해하는

• 서울의 멀티 차트 •

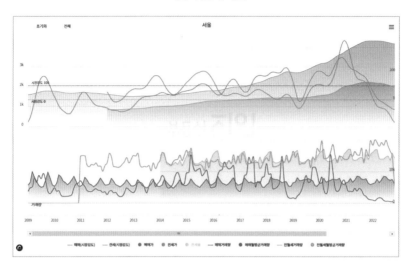

출처: 부동산 지인

• 성남시 분당구의 멀티 차트 •

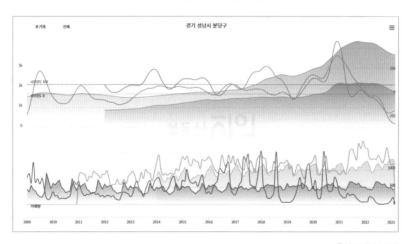

출처: 부동산 지인

데 도움이 됩니다.

여기서 잠깐, '분당이 행정구역은 경기도지만 가격의 흐름과 특징은 서울을 따라간다고? 그걸 어떻게 아는데?'하고 의문이 드실 수 있습니다. 앞의 그래프는 '멀티 차트'라는 것으로, 하나의 그래프 안에서 다양한 지표를 한 번에 볼 수 있도록 만든 그래프입니다. 그 지역의 매매 가격과 전세 가격 추이, 매매와 임대 거래량은 물론, 상승과 하락의 에너지를 보여주는 시장 강도까지 여러 요소를 다양하게 해석하여 부동산 시장의 흐름과 추이를 볼 수 있습니다.

이 자료를 나란히 놓고 보면 요소별로 하나하나 따져보지 않아도 분당과 서울의 전체적인 그래프가 닮아있다는 것을 알 수 있습니다. 틀린 그림 찾기를 해보고 싶을 정도로 비슷하지 않나요?

첫 번째, 매매가와 전세가 추이선, 시장 강도(매매, 전세)의 흐름을 보면 비슷한 시기에 오르고 비슷한 시기에 하락하는 것을 알 수 있습니다. 두 번째, 두 도시의 규모가 다르다 보니 매매 거래량은 다를지언정 시기별 거래량이 많아지고 적어지는 모양이 같습니다. 또한 평단가가 높은 지역의 특징 중 하나로 매매 거래량보다 전월세 거래량이 훨씬 더 많은 모습을 보이는 것도 같습니다. 이렇게 하나하나 따져보아도 같은 특징을 보이는 것을 알 수 있습니다.

서울과 흐름을 같이 하는 지역들의 가장 큰 특징 중 하나는 역시 높은 가격입니다. 동의하지 않으실 수도 있지만, 이해하기 편하게 가격으로 딱 잘라 직관적으로 말씀드리자면 국민 평형대 34평 기준으로 10억 원 이상의 매매 가격을 형성하고 있는 지역이라고 생각하시면 됩니다. 다만 1~2개의 특징적인 단지만이 아닌 많은 비중의 아파트 단지가 그 정도 이상의 가격을 형성하고 있는 지역을 말합니다.

그러한 지역에 아파트를 소유하고 있는 사람들은 보통 가격의 무게감을 알고 있습니다. 이들은 숨 쉬듯 자신의 재산을 지키고 더 나아가 그 가치를 상승시킬 방법을 고민합니다. 부동산 규제 정책으로 세금이 높아진다거나 부동산 시장의 분위기가 안 좋아지면 그들은 발 빠르게 움직입니다. 자녀에게 증여하거나, 급매로 털어버리는 등 시장에 민감하게 반응하고 적극적으로 방어합니다. 가격의 무게감을 알고 늘 생각하고 있기에 빠르게 움직일 수 있는 것입니다. 금전적 손해에 민감하게 반응하고, 타격에 대한 정도를 파악하여 최소화할 방법을 찾고, 정 상황이 여의찮으면 자산 운용에 대한 준비를 철저히 하여 버티기에 들어갑니다. 그러면 아무리 어려운 암흑기(고금리, 저성장 등)가 와도 흔들리지 않고 자산을 지켜낼 수 있습니다. 아무래도 높은 가격대의 아파트다 보니 젊은 세대보다는 나이가 있는 사람들이 소유자인 경우가 많고, 아니라 하더라도 부동산 관리 경험이 있는 조언자가 옆에 있습니다.

연륜이 있는 소유자들은 이전에 실거주든, 투자든 부동산을 오래 소유했으므로 부동산 시장의 상승과 하락에 대한 내공이 있습니다. 시장이 급격하게 요동치고 암울한 소식이 쏟아져도 어떻게 대비해야 하는지 알고 있습니다. IMF나 리먼 사태 등의 금융 위기를 직접 겪으며 체득하게 된 것이죠. 말 그대로 직접 부딪쳐 자산에 대한 깨달음을 얻은 것입니다. 바로 부동산은 영원한 상승도, 영원한 하락도 없다는 것을요.

영원한 상승이 없다는 사실을 알고 있기에 뜨거운 상승장 속에서도 위험성을 시시때때로 확인하고 대비합니다. 자산이 커질수록 큰 수익을 좇기보다는 자산의 안정화와 세금의 증가에 예민하게 반응합니다. 또한 영원한 하락도 없다는 것을 알기에 미리 정리하지 못했거나 오래 가져갈 자산이라면 시간이 지나 회복하기를 기다립니다. 급하게 손해 보고 팔 이유가 없는 것입니다.

그래서 분당이 다른 지역에 비해 가격 방어가 잘 되는 것입니다. 대부분의 부동산 가격이 2021년 하반기부터 하락하기 시작했습니다. 그러나 수요가 탄탄하고, 자금력이 있는 사람들이 소유한 부동산이 많은 지역은 양상이 조금 다릅니다. 가격 하락이 시작되는 시기도 조금 더 늦습니다. 가격의 하락 폭도 다른 지역에 비해 적게 나타나 가격의 방어가 이루어집니다. 가격이 하락한다는 불안감과 공포가 조성될 때 경쟁적으로 가격을 내리고 매물이 쏟아내는 지역과는 다릅니다.

대부분의 부동산 가격이 빠르게 하락하던 시기에도 분당에서는 "이미 팔 사람들은 진작 팔았지", "여기는 급한 사람 없어", "돈이 없는 사람들이 아니라 더 가격을 내리느니 그냥 두겠대"라는 말을 자주 들을 수 있었습니다. 허락장이 외도, 부동산 가격이 급락한디는 보도기 계속되어도, 가격이 일정 금액 이하로 가격이 떨어지지 않는 이유가 바로 이것입니다.

분당 집주인,
세금이 무섭지 않은 이유

지난 정부에서 촘촘한 부동산 규제 정책으로 세금을 무겁게 만들었지만, 부자들은 부동산을 살 때부터 절세를 생각하기 때문에 크게 타격이 없는 경우가 많습니다. 실제로도 어느 정도 세금 지식을 활용하여 부동산을 매입한 사람들은 놀랍도록 적은 세금만을 내고 있었습니다. 잘 믿기지 않으시는 분들도 계시죠? 예를 들어 봅시다. 개인 명의로 고가 부동산을 소유했을 때, 세금을 어느 정도 내는지 알아보겠습니다. 이는 세금이 어느 정도인지 알아보기 위한 예시로 분당에서 시

1주택자 15억 고가주택 보유시(2022년 기준)

공시기준	단지명	동명	호명	전용면적(㎡)	공동주택가격(원)
	☑ 공동주택공시가격 ☑ 열람지역 : 경기도 성남분당구 중앙공원로 17(성남분당구 서현동 91)				
2022.1.1	한양아파트(시범한양)	325	1202 산정기초자료	84.99	973,000,000

| 한양아파트 공시 가격

출처: 부동산공시가격알리미−국토교통부

가 약 15억 원의 단지를 임의로 선정하여 계산해 보겠습니다.

① 재산세 계산 결과(주택공시가격 기준으로 세금 부과)

계산서

(단위 : 원)

내용	상세	금액
시가표준액		973,000,000
과세표준	시가표준액 X 공정시장가액비율(60%)	583,800,000
재산세	57만원 + 3억원 초과금액의 0.4%	1,705,200
도시지역분	과세표준액의 0.14%	817,320
지방교육세	재산세액의 20%	341,040
총납부액	재산세 + 도시지역분 + 지방교육세	2,863,560

추가설명

- 7월분·9월분 재산세 부과액 : 각 1,431,780원
  재산세 : 852,600원
  도시지역분 : 408,660원
  지방교육세 : 170,520원

| 재산세 계산 결과

출처: 부동산계산기

② 종부세 계산 결과(주택공시가격 기준으로 세금 부과)

계산서

(단위 : 원)

내용	상세	금액
공시가격 합산액	자산별 공시가격의 합산액	973,000,000
공제금액	공제금액 6억원 + 1세대 1주택자 추가공제 5억원	1,100,000,000
과세표준	(공시가격 합산액 - 공제금액) X 공정시장가액비율 60%	0
총납부액		0

| 종부세 계산 결과

출처: 부동산계산기

③ 양도세(1세대 1주택 비과세 특례법에 의해 세금 없음)

개인 명의로 1주택을 소유한 상황에 임의로 15억 원에 해당하는 단지를 선정하여 계산해 보니 결과적으로 내야 할 세금은 많지 않습니다. 물론 고려해야 하는 세금은 재산세, 종부세, 양도세 세 가지로 일견 복잡해 보이지만, 자세히 살펴보면 재산세만 내면 됩니다. 요즘 종부세를 많이 내야 해서 난리라고 하지만, 1주택자의 경우에는 해당 사항이 없습니다. 아파트 시세가 아니라 매년 나라에서 정하는 공시 가격을 기준으로 부과하여 실세 시세와는 차이가 있고, 11억 원까지는 공제해 주기 때문입니다. 만일 공시가격이 11억 원을 초과한다고 해도 전체 금액에서 11억 원을 빼고 남은 금액만 위와 같이 계산해 납부하면 됩니다.

물론 계산해 보니 재산세만 해도 한해에 2,863,560원이나 내야 해 놀라실 수도 있습니다. 거의 300만 원에 가까운 금액이고, 직장인의 한 달 월급에 해당하는 금액이니 놀라는 것이 당연한 일입니다. 그러나 금액을 보고 놀라는 것에 그치지 마시고 조곤조곤 따져 볼 필요가 있습니다.

우선 납부는 7월, 9월에 반씩 나눠 낸다는 것을 알아두고 미리 준비하면 됩니다. 적금을 넣는다 생각하고 매달 약 25만 원씩 모으면 됩니다. 한 달에 25만 원을 모으는 것은 절대 불가능한 정도는 아닙니다. 대형 마트에서 장 보는 것을 한두 번만 줄여도 모을 수 있는 금액입니다. 게다가 예를 든 단지의 경우, 입지면 입지, 학군이면 학군, 뭐 하나 빠

출처: 호갱노노

지는 단지가 아니다 보니 2021년 2월~2023년 2월 부동산 시장이 얼음장이라 불리며 가격이 많게는 20~30퍼센트, 적게는 10~20퍼센트 빠졌다는 이 시기에도 값이 약 2억 5,000만 원 상승했습니다. 매년 채 300만 원이 안 되는 돈을 내는 것이 아까워 이 정도 시세 상승이 있는 아파트를 소유하는 것이 싫다고 하실 분은 없으시겠죠?

부동산 규제 정책으로 부동산 세금이 무거워진 것은 사실이나 '구더기 무서워서 장 못 담근다'는 속담처럼 해보지도 않고 지레 겁을 먹을 필요는 없습니다. 막상 계산해 보니 실제로는 뉴스에 나온 것처럼 무시부시하지는 않다는 것을 알게 되셨을 것입니다. 고가 주택을 소유한다고 해서 무조건 세금 폭탄을 맞는 것은 아니며, 미리 준비해둔다면 월급으로도 충분히 해결이 가능하다는 것이지요. 거기다가 시세 차익을 생각한다면 어떻게 하는 것이 자신에게 진정한 이득인지 너무나 명확합니다.

또한 2021년 9~10월부터 최근까지 부동산 가격 하락으로 가격이 억대로 떨어졌다는 단지들이 연일 보도되는 와중에도 6,000만 원 이상 상승하고 있는 것을 알 수 있습니다. 하락이 시작된 시기도 21년 9월이 아닐뿐더러 2022년 4월 이후로 보합(保合, 가격이 움직이지 않고 유지되는 것)의 모습을 보이는 것이 다입니다.

앞서 말씀드린 대로 가격 방어가 잘되고 있는 모습이죠? 이런 부동산을 하나 가지고 있다면 어려운 시기에도 든든한 버팀목이 되어 줄 것입니다. 회사에서 스트레스를 받을 때에도 이런 똘똘한 부동산을 가지고 있다면 점점 오르는 가격을 보면서 마음을 다스릴 여유를 가질 수 있습니다. 그리고 지금처럼 부동산 시장이 안 좋은 시기에도 불안하지 않을 수 있습니다. 그래서 분당은 부동산 가격의 품격도, 사는 사람들의 생각도 다른 것입니다.

분당의
알짜 구역은?

　분당 신도시는 9만 7,600세대가 거주하고 있으며, 신분당선 2개역 (정자역, 미금역), 수인분당선 6개역(미금역, 정자역, 수내역, 서현역, 이매역, 야탑역)이 지나갈 정도로 규모가 큰 지역입니다. 그러니 처음부터 모든 단지를 속속들이 파악하기는 쉽지 않습니다. 더욱이 이번에 1기 신도시 특별법이 아니라 노후계획도시 특별법으로 발표되었기 때문에 부동산의 옥석을 가리는 것이 더욱 중요해졌습니다. 그렇기 때문에 알짜 구역을 먼저 파악하고, 필요하다면 주변까지 확장해서 알아보는 것이 훨씬 유리합니다.

알짜 입지 ①
선도지구를 노린다

분당은 도시를 계획할 때부터 '신도시의 모델'로서 큰 그림을 그리고 시작했다고 앞서 말씀드렸습니다. 분당 신도시는 다른 도시들의 모델 역할로 조성된 도시이고, 분당의 시범단지는 그중에서도 정수로 입지면, 입지, 인프라면 인프라 거의 모든 면에서 앞서는 지역입니다.

분당 신도시의 시범 단지는 서현동에 있는 삼성한신(시범 1단지), 우성(시범 2단지), 한양(시범 3단지), 현대(시범 4단지) 이렇게 4개의 아파트를 말합니다. 분당 신도시 조성 후 최초로 입주한 단지들로 재건축 측면에서는 연식을 가장 먼저 채운 단지이기도 합니다. 1991년에 입주해서 2021년에는 재건축 연한인 30년을 넘겼습니다. 시범 단지는 신도시의 모델링을 위해 먼저 조성한 단지로 중산층을 대상으로 조성했습니다.

싱글족을 위한 12평 초소형부터 79평의 초대형 평형까지 다양하게 구성되어 있어 원한다면 얼마든지 평형대를 이동하며 살 수 있습니다. 또한 다른 1기 신도시에는 거의 없는 30층 아파트가 있습니다. 시범 단지를 조성할 당시만 해도 15층만 해도 고층이라고 생각했습니다. 30층이 지어지니 '너무 높은 곳은 무서워서 못 살겠다'라는 말이 나올 정도였다고 합니다. 그만큼 신도시의 모델로서 획기적인 시도를 했다는 것이죠.

　이러한 경험이 있기에 시범단지들은 또 한 번 자신들이 노후계획도시 특별법의 선도지구로서 역할을 해야 한다고 생각하고 그 가능성이 크다고 점치고 있습니다. 지난 1기 신도시 재정비 선도지구 지정에 대한 국토교통부 발표가 있을 때도 기대감이 높았습니다. 게다가 2021년 가을부터 시작된 가격 하락에도 신고가를 찍는 등 다른 도시와는 다른 모습을 보이며 꾸준히 몸값을 높이고 있는 지역이기도 합니다.

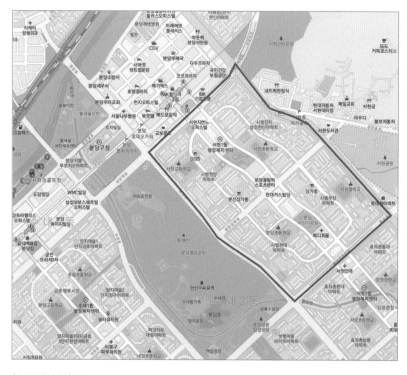

| 시범단지 위치도

출처: 카카오맵

입지를 살펴보자면, 시범 단지는 서현역을 도보로 이용할 수 있는 위치이며, 서현역세권은 분당에서도 손꼽히게 발달한 상권을 갖춘 지역입니다. 정자역과 판교가 발달하기 전에는 누구도 넘볼 수 없는 분당의 중심지 역할을 했고, AK플라자 백화점을 중심으로 번화가가 형성되어 있습니다. 분당제생병원과 교육청, 소방서, 세무서 등 관공서와 각종 편의시설과 쇼핑, 맛집, 유흥상권 등 뭐 하나 빠지는 것 없이 두루 갖추고 있습니다.

그럼에도 성남대로를 건너 시작되는 시범 단지는 진입과 동시에 조용하고 아늑한 거주 공간으로 탈바꿈합니다. 2개의 단지가 마주 보는 모양으로 가운데 공간에는 거주민들이 짧은 동선으로 편리하게 이용할 수 있는 생활 편의시설과 학원가가 형성되어 있습니다. 더불어 분당 최고의 녹지인 분당중앙공원을 끼고 있으며 멋스럽게 관리된 분당호와 주변 경치, 분당천을 따라 형성된 산책로는 거주민들에게 일상의 여유를 제공하고 있습니다.

알짜 입지②
서현과 정자 사이

물론 분당중앙공원을 기준으로 왼쪽으로 수내역을 상단 가운데에

두고 있는 양지마을과 파크타운 또한 비슷한 조건을 갖추고 있습니다. 단지 배치뿐만 아니라 수내역과 편의시설, 공원의 접근성까지 비슷한 조건이면서도 시범단지보다 1~2년 늦게 입주를 시작하여 그만큼 연식이 적기도 합니다. 게다가 정자역이 분당의 또 다른 랜드마크로 떠오르면서 서현역과 정자역의 가운데 위치한 입지로서 양쪽의 장점을 모두 누리게 되는 강점마저 갖게 되지요. 시범단지가 있는 서현동과 수내동의 평단가를 비교해 보면 현재 조금 더 높게 형성되어 있습니다.

이렇게 시범단지를 시작으로 수내동까지 영역을 넓혀서 설명해보았습니다. 이렇게 기준을 둘 단지들로 시작해서 구역을 나누고, 특징을 파악한 후 주변으로 확장하여 비교하는 것이 해당 지역을 이해하는 데

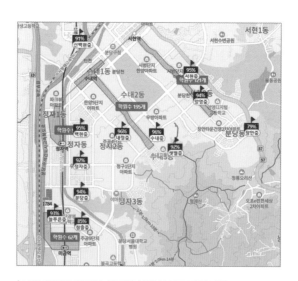

| 분당 학원가 위치와 학교별 학업 성취도 평가 비율

출처: 호갱노노

에는 상당히 유용합니다. 부동산은 가장 대표적인 비교 학문입니다. 하나만 놓고 보면 가치를 알 수 없지만 다른 것과 비교하면 그 가치가 뚜렷하게 보입니다. 그렇기 때문에 비교를 위한 기준을 세우는 것이 가장 중요합니다. 부동산의 가치를 판단하고, 적정 가격을 정해 투자 여부를 결정하는 것이 부동산 투자의 핵심이기 때문입니다.

알짜 입지③
판교보다 내가

그럼 이제 정자동으로 넘어가 보겠습니다. 정자동은 다음의 지도와 같이 정자역 철로와 탄천을 기준으로 좌우로 나뉩니다. 철로와 탄천으로 인해 수요의 동선과 생활 구역이 나뉘게 되는 점도 있지만, 그림34와 같이 지적편집도상 주거지역과 상업지역으로 땅을 사용하는 용도가 달라 특징이 다르기도 합니다. 용도가 다르니 땅값도 다르고, 그 위에 지어진 단지들의 특징도 다릅니다.

우선 면적이 적은 왼쪽 구역을 먼저 살펴보면, 주상복합 비중이 꽤 높습니다. 1~2층은 스트리트형 상가가 늘어서 있고, 그 위나 뒤로 거주 공간이 배치되어 있습니다. 또한 이 구역은 일반주거지역보다 평단가가 높아 단지의 동별 간격이 상대적으로 오른쪽 구역에 위치한 단지들보다 좁습니다.

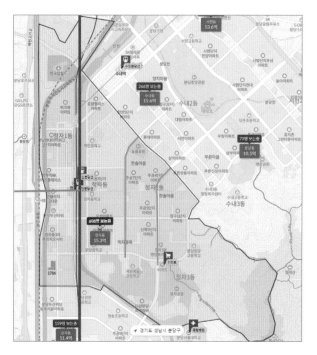

| 정자동 생활권 구역도

출처: 호갱노노

다음 페이지의 '정자역 기준 좌우 생활권'을 눈대중으로 봐도 왼쪽 구역 단지의 동간 간격이 더 좁고 오밀조밀 모여 있다는 것을 알 수 있습니다. 그리고 주변으로는 학원가와 상업지역이 형성되어 있고, 네이버, 두산 등 대기업 빌딩들과 어우러져 있어 오피스 공간의 느낌도 강합니다.

그에 비해 오른쪽 구역은 1,000세대 이상의 대단지와 500세대 전후의 단지들이 밀집되어 있습니다. 단지마다 1개 이상의 학교와 학원가를 접하고 있으며, 단지가 밀집해 있는 구역의 좌우 또는 상하로 편의

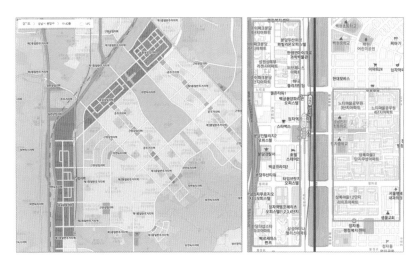

분당신도시 지적편집도	정자역 기준 좌우 생활권
출처: 카카오맵	출처: 카카오맵

시설을 위한 상권이 형성되어 있습니다. 정자역 상권에도 큰 학원가가 형성되어 있는데 느티마을, 상록마을에도 또 위아래로 학원가와 편의시설을 위한 상권이 크게 형성되어 있습니다.

정자역과 가장 먼 정든마을과 한솔마을 단지 또한, 옆 구역 위아래 학원을 포함한 상권이 있습니다. 그리고 서현동, 수내동에 뒤지지 않는 학업성취도 수준을 유지하고 있는 학군도 있습니다. 정자역에 가까울수록 입지가 좋고 가격도 비싸지만, 먼 구역의 단지라 할지라도 서현동의 가장 끝자락의 단지와 분당동의 단지들보다는 좋은 가격으로 평가받고 있기도 합니다.

알짜 입지④
나도 분당! 남쪽마을

이제 분당 신도시 남쪽 하단에 위치한 미금역, 오리역이 있는 금곡동, 구미동으로 넘어가 보겠습니다. 서현역, 정자역을 지나 미금역과 오리역으로 갈수록 상권이 작아지고 학원가가 작아지는 느낌을 받게 됩니다. 하지만 간과해서는 안 되는 것이 어디까지나 정자역 상권과 비교해서 그럴 뿐이지, 다른 신도시들의 역세권과 비교한다면 보통 이상은 됩니다.

다만 아쉬운 것은 미금역과 오리역 주변에 형성된 단지들은 서현, 수내, 정자와 다르게 생활권이 단순하게 나누어지지는 않는다는 것입니다. 우선 미금역을 중심으로 크게 좌우로 생활권이 나뉘고, 왼쪽 구역 상단의 파란 박스 안의 단지들은 정자의 상업지역에 있는 단지들과 비슷한 특징을 보이며 길게 늘어서 있습니다. 차이점이 있다면 밑으로 내려올수록 상업지역의 느낌은 빠지고 조용한 소규모 단지들이 모여 있는 느낌이라는 것입니다. 단지들의 세대 수가 많지 않다 보니, 5개의 단지가 모여 재건축을 준비하는 등의 노력도 엿보입니다.

그리고 '분당 남쪽 하단 생활권 구역도' 중 위에서 두 번째 파란 박스에 속한 단지들은 5층 이하로 구성된 단지로, 연립주택 느낌이 납니다. 주변의 상가겸용주택이 들어서 있는 구역들도 번성한 상권이 아니

| 5개 연대 재건축 플래카드

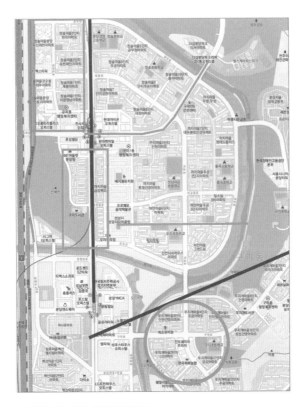

| 분당 남쪽 하단 생활권 구역도

출처: 카카오맵

| 단지 풍경

라 전체적으로 도회지에 온 기분이 듭니다. 그러나 단지 밀집도가 높은 오른쪽 구역으로 들어서면 다시 단지마다 품고 있는 학교와 학원가로 조성된 조용하고 아늑한 분당의 주거지역이 펼쳐집니다.

단지 사이에 조성된 산책로와 계절을 알리는 풍성한 나무, 놀이터마저 풍성한 단풍으로 멋스러움을 자아냅니다. 단지 중간에 만들어진 지름길도 통로만 뚫어놓은 정도가 아니라 예스러운 아치로 문을 대신해 아늑한 주거 공간의 디테일을 살립니다.

1기 신도시뿐만 아니라 여러 도시를 임장 다니다 보면 단지가 낡아서 외벽에 곰팡이가 피고, 조경이라고는 관리되지 않아 앙상한 나무와 제멋대로 자란 잡초가 전부인 곳도 있습니다. 특히 재건축이 진행 중인 단지에서는 그러한 모습이 더욱 두드러집니다. 물론 그렇지 않은 단지임에도 꼭 재건축 진행 말기인 듯 관리가 잘되지 않는 단지도 많습니다. 반대로 아름다운 조경과 넓은 동 간 간격, 현대식 커뮤니티 체

육시설 등 단지 내 시설은 잘되어 있는데 단지를 벗어나면 갑자기 초라해지는 지역도 있습니다.

단지가 오래되었든 신축이든 상관없이 단지 내 관리는 물론이거니와 단지와 단지를 연결해 주는 주변 거리와 도로까지 깔끔하고 멋스럽게 관리되는 지역도 있습니다. 바로 그 지역이 분당입니다. 까치마을, 청솔마을 등 여러 단지가 모여 이러한 공간을 만들고, 하얀마을 중에서도 하단의 단지들은 조금 다른 느낌으로 5층 이하의 저층 단지로만 구성되어 전원주택 같은 느낌을 풍기기도 합니다. 또한 청솔마을, 까치마을 하얀마을을 모두 하나의 구역으로 담아내듯 탄천이 흐르고 있습니다.

그러나 '분당 남쪽 하단 생활권 구역도' 하단에 원으로 표시된 구역처럼 무지개마을은 생활권이 따로 형성되어 있습니다. 오리역에서 내리면 높은 건물들로 형성된 상권을 마주하게 됩니다. 맛집과 유흥상권, 대형 마트, 영화관 등 거주민을 위한 생활 편의시설이 늘어서 있습니다. 거기서 조금 멀리 보면 아파트 단지가 보입니다. 구미로를 따라 들어가면 무지개마을 2단지와 3단지가 좌우로 있고, 단지가 끝나면 학원가와 상권, 초등학교가 중심에 모여 자리를 잡고 있습니다. 무지개마을은 그 중심을 감싸고 있는 위 지도의 작은 원 안에 들어오는 단지들이 입지가 좋습니다. 반대로 그 원과 멀어질수록 입지가 떨어집니다. 원과 멀어질수록 경사도도 높아지고, 학교와 편의시설과도 떨어지게 되기 때문입니다.

무게감 적게,
분당으로 들어가자

| 분당 신도시 개발계획도

출처: 성남시청

분당 신도시 계획도는 앞발을 들고 있는 망아지를 닮았습니다. 망아지의 길게 늘어진 목부터 머리까지가 분당의 북부 지역입니다. 땅 모양만 봐도 남부와는 조금 다른 모습일 거라는 예상이 되시죠?

우선 땅부터가 직사각형이나 정사각형 모양이 아니고 길게 뻗어나간 모양으로, 단지가 모여 있는 것이 아니라 줄을 서고 있음을 알 수 있습니다. 그렇다 보니 중심이라고 할 만한 곳의 규모가 한정적일 수밖에 없습니다. 중심과 멀리 떨어져 있는 단지들은 입지가 좋지 않습니다. 단지 진입에 시간이 더 걸리고 전철역 등의 인프라와 멀어지게 되기 때문이죠.

또한 '분당 신도시 북부 지역 생활권 구역도'에 표시된 것과 같이 수인분당선의 전철노선과 분당-수서 간 고속화도로를 양쪽에 두고 갇혀 있는 상황인 구역(빨간색 박스)에 북부 지역의 단지들이 많이 포함되어 있습니다. 땅 모양이 길쭉해서 줄을 선 것 같은 모양인데 그마저도 중간에 탄천이 가로지르고 있어 가로로는 두 개의 단지도 나란히 있지 못하는 지형입니다. 지형상 세로로 길게 늘어서 있다 보니 규모가 큰 상권과 인프라를 형성하기가 어렵습니다. 규모를 크게 키울 수도 없지만, 그렇게 형성이 된다면 인프라를 사용하기 위해 움직여야 하는 생활 동선이 길어져 접근성이 떨어지기 때문입니다. 그래서 북부 지역의 이 구역은 두 단지 사이에 작은 규모로 상권과 학원가가 형성되어 있습니다.

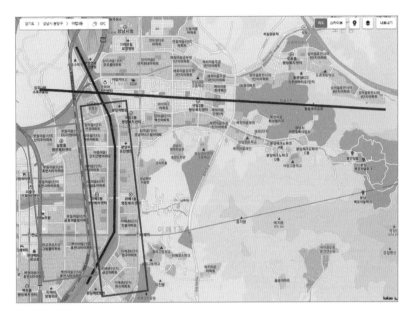

| 분당 신도시 북부 지역 생활권 구역도

출처: 카카오맵

　　바로 옆을 보면 파란색 박스 구역인 판교가 보입니다. 현재 분당구에서 가장 비싼 땅값과 아파트값을 자랑하고 있는 구역이죠. 그런데 아쉽게도 눈에 바로 보일 정도로 인접해 있지만 다른 세상의 이야기입니다. 그 이유는 행정구역이 다르기도 하고, 분당-수서 간 도시고속화도로로 명확하게 생활권이 나뉘기 때문입니다.

　　게다가 판교와 인접한 이매역은 단지 중간에 덩그러니 놓인 역으로 주변에 상권이나 인프라가 거의 없기도 합니다. 그나마 야탑역이 성남종합버스터미널과 함께 유동 인구를 끌어들이고 상권과 함께 생활을 편하게 해 주는 인프라를 형성하고 있습니다. 야탑역 주변으로 NC 백화점, 분당차병원, 홈플러스, CGV 등이 있어 이를 이용하려는 사람들로 붐비는, 다른 북부권역과 달리 활기찬 모습입니다. 전철역과 종합터미널의 이용객으로 유동 인구도 상당하여 버스 교통편도 발달한 것을 볼 수 있습니다. 약간 어수선한 모습도 있어 작은 서울역 광장을 보는 것 같다는 생각이 잠시 들기도 했습니다. 지난 2022년 2월 대선이 며칠 남지 않은 때에도 임장을 갔었는데 역광장이 정당 후보들이 유세하는 소리로 들썩이고, 모여든 인파가 주변을 꽉 메운 모습이 참 인상적이었습니다.

서울로 출퇴근하는 차량이 지나는 성남대로는 넓은 12차선 도로가 뚫려 있었습니다. 낮에도 시외버스, 광역버스, 개인 차량 등이 빈번히 오가는 모습을 보니 출퇴근 시간에 도로가 상당히 붐빌 것이 예상되었습니다. 또한 유동 인구가 많다 보니 각지로 뻗어나가는 시내버스 정류장이 공항 못지않게 많아 초행자는 맞는 차편을 타고 가는 것도 쉽지 않아 보였습니다. 그만큼 이곳을 거쳐 가는 인구가 많다는 것이죠.

북부 지역을 이해할 때 오해하기 쉬운 점이 있습니다. 북부보다는 남부가 인프라가 좋으니 남부에 가까울수록 좋다고 생각하실 수 있습니다. 거리가 가까우면 남부의 인프라를 이용하기 편한 것이 당연하니 충분히 그렇게 생각할 수 있습니다. 그러나 막상 임장을 가보면 오히려 북쪽에 가까운 야탑역 주변 단지들의 입지가 더 좋습니다. 남부와 가까운 단지들은 남부와 연결된 것이 아니라 오히려 조금 단절된 분위기이기 때문입니다. 그래서 차라리 북부의 중심지에 가까울수록 입지가 좋습니다.

자, 이렇게 분당 신도시 북부 지역까지 살펴보았습니다. 이제는 분당의 입지를 특징별로 파악할 수 있겠죠? 이를 기반으로 해서 단지의 가격까지 비교해서 본다면 지역과 단지에 대한 이해도를 더욱 높일 수 있습니다. 이해도가 높을수록 같은 투자금으로도 더 가치 있는 단지를 찾을 수 있어 가성비와 수익률은 높이고, 리스크는 줄일 수 있으니 반복해서 보시고 반드시 임장을 나가보길 바랍니다.

누가 좋은 걸 모르나!
돈이 없어서 분당을 못 본다면……

분당 신도시에서 매수를 고려하고 있다면 기본적으로 재건축, 리모델링 추진 여부는 알아야 합니다. 입지가 좋은 수도권에 주택을 다량 공급하겠다는 정부의 의지가 강한 만큼 같은 시기에 200만 호를 공급했던 1기 신도시를 빼고는 결실을 내기 어렵기 때문입니다. 그래서 이전부터 정부에서 1기 신도시 특별법까지 만들어 준다며 노력을 들이는 것입니다.

물론 2023년 2월에 법이 발표되었을 때에는 형평성의 문제로 1기 신도시뿐만 아니라 전국의 노후계획도시를 아우르는 노후계획도시 특별법으로 나왔지만 말입니다. 어쨌든 특별법의 중심에는 1기 신도시가 있고, 정부가 커다란 혜택을 주며 진행하려는 실정이니 우리는 혜택도

챙기고 여러 호재와 장점을 동시에 가진 지역과 단지를 골라 가성비는 좋게, 수익율은 높게 챙기면 됩니다.

분당에서 통합재건축의 대표적인 단지로는 역시나 시범단지입니다. 처음부터 통합재건축으로 진행된 건 아니었으나, 삼성한신, 우성, 현대, 한양 4개의 시범단지가 사업성을 높이기 위해 통합재건축으로 변경하여 진행하고 있습니다. 노후계획도시 특별법 발표로 통합개발을 진행하는 구역에 한해 혜택이 주어지는 만큼 이전부터 통합재건축으로 진행을 하고 있던 단지들이 특별법에 맞추는 것이 보다 더 수월할 것이라 기대되기도 합니다.

분당은 이전부터 재건축에 대한 기대가 상당히 컸습니다. 2021년 가을장부터 시작된 가격 하락에도 신고가를 찍는 등 다른 도시와는 다른 모습을 보이며 꾸준히 몸값을 높이고 있는 것만 봐도 얼마나 그 기대감이 큰지 알 수 있습니다.

시범단지 외에도 파크타운, 양지마을, 효자촌 또한 통합재건축으로 진행하고 있습니다. 또한, 분당은 일반 재건축도 활발한 편입니다. 유일한 북부권역의 재건축 단지인 장미마을 현대, 정자동의 상록마을 우성, 분당동 샛별마을의 삼부와 동성, 구미동 까치마을의 1단지와 2단지입니다. 장미마을의 현대 아파트를 제외한 나머지 재건축 진행 단지는 모두 분당의 남부권역에 속해 있습니다. 이것만 봐도 분당에서 남부권역이 북부권역에 비해 입지가 좋고, 관심을 많이 받고 있다는 것을 알 수 있습니다.

　재건축은 통합 개발에 유리한 단지가 우선순위일 듯하고, 당장은 지자체 발표도 기다려야 하니 우선 리모델링을 중점으로 지켜볼 필요가 있습니다. 리모델링은 재건축과 다르게 북부권역의 단지도 2개나 포함되어 있습니다. 그리고 2022년 11월 기준 사업계획 승인까지 진행된 단지가 5개나 되어 다른 도시에 비해 속도가 느린 편입니다. 정자동의 느티마을 3단지, 4단지와 한솔마을 5단지, 구미동의 무지개마을 4단지, 야탑동의 매화마을 1단지가 그 주인공입니다.

　사실 사업계획 승인까지 난 상황이라면 이주가 그리 멀지 않은 단계라고 볼 수 있습니다. 재건축이든 리모델링이든 초기에는 사업이 엎어질 위험성이 있는데 이주 단계까지 와서는 그럴 일이 없으니 거의 다 왔다고 보면 됩니다. 그런 점에서 리모델링의 결과를 5개나 되는 단지에서 기대해 볼 수 있다는 것은 지역에 큰 반향을 일으킬 만한 것입니다. 다만 최근 노후계획도시 특별법이 나오는 변수가 있었으니 추후 달라지는 점이 있는지 지켜보긴 해야 합니다.

　그 외에도 1차 안전진단까지 통과한 매화마을 2단지, 성남시 공공지원단지에 선정되어 조합설립 인가를 추진 중인 한솔마을 6단지도 있습니다. 그리고 한솔마을 주공 5단지는 1기 신도시 최초로 리모델링 사업계획을 승인받은 단지로 의미가 있고, 한때 수직 증축을 꿈꿨으나 전 국토교통부 장관의 반대로 수평 증축으로 변경 진행하고 있는 단지이기도 합니다.

아주 먼 이야기가 될 수도 있지만, 한번 상상해 보시기 바랍니다. 분당의 아파트가 하나둘 재건축 또는 리모델링을 통해 신축으로 바뀌어 가는 광경을 말입니다. 변하지 않는 입지를 굳건히 지키면서 새 옷으로 갈아입는다면 지금의 분당과는 또 다른 가치를 지니게 될 것입니다. 부동산 업계에서 은근히 자주 듣게 되는 이야기는 '부동산 투자자는 상상력이 풍부해야 한다'는 것입니다. 허허벌판인 땅을 보고, 아직 입주조차 하지 않은 신도시나 택지를 보고, 낡은 아파트가 모여 있는 지역을 보고 달라질 미래의 모습까지 상상할 수 있어야 성공 투자를 할 수 있다는 이야기입니다. 다행스럽게도 분당은 달라질 미래를 상상하는 것이 그리 어렵지는 않습니다. 다만 진입을 위한 적정한 시기를 가늠하는 것이 지금 시기에는 더 중요하지 않을까 생각합니다.

그런데 사실 부동산에 관심이 있는 사람 중에 분당 좋은 것을 모르는 사람이 있을까요? "누가 몰라서 안 사나? 돈이 없어서 못 사지!" 그러니 이제 돈 많은 사람들을 위한 이야기 말고, 직장을 다니는 보통 시민들을 위한 투자 이야기를 해보겠습니다. 분당은 보통 매매 가격이 10억 원을 넘는다고 하니 지레 겁을 먹고 고개를 돌려버릴 수도 있습니다. 하지만 돈이 없을수록 더 자세히 들여다봐야 합니다. 수박 겉핥기만 해서는 아무것도 알 수 없고, 아무것도 할 수 없습니다.

지금 당장 돈이 없어 분당에 실거주는 '꿈도 못 꾼다!' 하시는 분들은 첫 번째 집으로 전세를 끼고 그나마 적은 돈을 들여 집을 미리 사놓을 수도 있습니다. 그런 다음 본인은 조금 더 저렴한 비용으로 집을 전월세로 살고, 차곡차곡 돈을 모아 전세금을 돌려준 뒤 나중에 입주해서 사는 방법도 있습니다.

아래 데이터를 보시면 성남시 분당구 안에서 전세를 끼고, 가장 돈을 적게 들여서 살 수 있는 아파트 리스트가 나와 있습니다. 보시면 아시겠지만 3억이 안 되는 돈으로도 분당에 아파트를 소유할 수 있습니다. 물론 '3억이 소액이냐?' 하실 수 있지만 절대 못 만드는 금액도 아닙니다. 그리고 무조건 자신이 가지고 있는 돈이어야만 할 필요도 없습니다. 지금에야 인플레이션의 위기로 금리가 많이 올랐다고는 하지만, 이전에는 저금리 기조가 오래동안 유지되어 왔었습니다. 거의 제로 금리에 가까웠습니다. 그런 시기에는 돈을 빌려쓰는 것, 즉 레버리지를 활용하는 것이 돈을 버는 가장 효율적인 방법입니다. 남의 돈을 적극

· 3억 이하의 투자금으로 매입 가능한 단지 리스트 ·

지역명 (단지수)	단지명 (총세대수)	평형 (세대수)	입주일 (년차)	지인시세 2021-09-01 ~ 2023-02-13						매물 2021-09-01 ~ 2023-02-11					
				매매	증감율	전세	증감율	매전갭	전세율	매매	증감율	전세	증감율	매전갭 ↑	전세율
경기 성남시 분당구 이매동(46)	빅션마을 한신(264)	22평 (132세대)	1994-12-01 (28년차)	↓ 71,840	-8.03%	↓ 40,859	-9.14%	30,981	56.88%	↓ 71,070	-11.1%	↓ 41,223	-8.77%	29,847	58%
경기 성남시 분당구 정자동(47)	한솔마을6단지_주공 (1038)	17평 (237세대)	1995-06-01 (27년차)	↓ 51,955	-27.75%	↓ 22,825	-26.60%	29,130	43.93%	↓ 54,225	-26.85%	↓ 25,777	-25.32%	28,448	47.54%
경기 성남시 분당구 이매동(46)	빅션마을SK(276)	22평 (276세대)	1998-03-01 (24년차)	↓ 49,608	-20.24%	↓ 31,670	-21.09%	17,938	63.84%	↓ 59,822	-4.85%	↓ 33,404	-19.99%	26,418	55.84%

출처: 부동산 지인

적으로 써도 부담이 크지 않을 때, 그 때가 기회입니다. 그러니 시기를 잘 활용해서 투자 방법을 고민하고, 계획을 실천한다면 절대 불가능한 일은 아니라는 것입니다.

자료를 보여드린 김에 하나 더 말씀드리자면, 똑같이 2억 원의 투자금을 가지고 있더라도 어떻게 매물을 고르느냐에 따라 입지가 크게 달라질 수 있습니다. 2~3억 원 정도의 금액으로 분당 아파트 매수를 고민하는 상황에 아래 자료를 참고하자면 고려 가능한 지역으로는 야탑동, 정자동이 있음을 알 수 있습니다. 여러분이라면 어디로 가시겠습니까? 물론 평형대의 차이가 있고 실제로는 금액이 더 들 수도 있지만, 이를 기반으로 분당을 알아보고 진입 준비 자료로 활용하는 정도라면 괜찮지 않나 싶습니다.

• 2021년 9월 이후 가장 큰 하락률을 보인 단지 순 •

지역명 (단지수)	단지명 (총세대수)	평형 (세대수)	입주일 (년차)	지인시세						매물					
				2021-09-01 ~ 2023-02-11						2021-09-01 ~ 2023-02-11					
				매매	증감율 ↓	전세	증감율	매전값	전세율	매매	증감율	전세	증감율	매전값	전세율
경기 성남시 분당구 이매동(16) 년수	이매촌_한신(1184) 년수	25평 (368세대)	1992-10-01 (30년차)	↓ 77,225	-38.06%	↓ 45,443	-25%	31,782	58.84%	↓ 105,403	-19.55%	↓ 43,521	-30.64%	61,882	41.29%
경기 성남시 분당구 정자동(47) 년수	한솔마을5단지_주공 (1156) 년수	18평 (296세대)	1994-10-01 (28년차)	↓ 61,767	-35.55%	↑ 17,224	8.55%	44,543	27.89%	↓ 74,261	-22.93%	↑ 18,494	8.67%	55,767	24.9%
경기 성남시 분당구 정자동(47) 년수	한솔마을5단지_주공 (1156) 년수	16평 (444세대)	1994-10-01 (28년차)	↓ 60,466	-35.22%	↑ 16,861	8.54%	43,605	27.89%	↓ 72,697	-22.93%	↑ 18,104	8.66%	54,593	24.9%
경기 성남시 분당구 야탑동(46) 년수	장미마을동부코오롱 (2217) 년수	32평 (336세대)	1993-03-01 (30년차)	↓ 81,026	-35.19%	↓ 47,292	-31.48%	33,734	58.37%	↓ 96,949	-26.93%	↓ 54,592	-23.5%	42,357	56.31%
경기 성남시 분당구 야탑동(46) 년수	장미마을동부코오롱 (2217) 년수	26평 (264세대)	1993-02-01 (30년차)	↓ 74,484	-34.87%	↓ 40,785	-36.47%	33,699	54.76%	↓ 96,159	-18.34%	↓ 44,489	-32.04%	51,670	46.27%
경기 성남시 분당구 구미동(33) 년수	무지개마을4단지_주공 (563) 년수	23평 (200세대)	1995-06-01 (27년차)	↓ 63,180	-32.85%	↓ 27,540	-3.26%	35,640	43.50%	↓ 83,591	-19.09%	↓ 25,000	-15.94%	58,591	29.91%
경기 성남시 분당구 금곡동(21) 년수	한솔마을_한라(768) 년수	22평 (388세대)	1995-12-01 (27년차)	↓ 68,444	-32.82%	↓ 46,194	-14.68%	22,250	67.49%	↓ 90,505	-18.5%	↓ 45,893	-20.56%	44,612	50.71%

출처: 부동산 지인

마침, 지난 1년 동안 코로나 이후 찾아온 인플레이션의 위기와 가파른 금리인상으로 아파트의 매매 가격이 많이 흔들렸습니다. 분당 안에서도 가격이 하락한 단지와 하락하지 않은 단지가 존재합니다. 만약 돈이 별로 없어 '무조건 싼 것부터 봐야 해'하시는 분들은 최근 가격이 저렴해진 단지와 매매 가격이 낮은 단지를 먼저 고려해 보는 것도 좋습니다. '2021년 9월 이후 가장 큰 하락률을 보인 단지순'을 보면 이전보다 가격이 많이 저렴해진 사실을 알 수 있습니다. 다만 가격이 많이 떨어지지 않은 단지와 비교하여 무엇이 부족해 다른 단지보다 더 많이 떨어진 건지 확인하는 과정이 필수입니다. 싸다고 무조건 좋은 것은 아닙니다. 숨어 있는 위험이 있을 수 있기 때문입니다.

• 분당에서 매매 가격이 낮은 단지 순 •

출처: 부동산 지인

그리고 '분당에서 매매 가격이 낮은 단지 순'을 한번 확인해 보세요. 분당이라고 다 10억 원 이상의 단지만 있는 건 아닙니다. 물론 평형대는 좀 작지만 5억 원 이하의 아파트도 있으니 작은 것부터 시작한다 생각하고 자신의 상황을 고려해 선택을 내리는 것도 좋지 않을까 싶습니다. 무엇이든 실행 가능한 부분에서 실마리를 잡고 고민하다 보면 자신에게 가장 잘 맞는 방법을 발견하게 되기 마련이니까요.

분당이라고 하면 보통 비싼 동네라고 생각해 지레 포기하는 사람들이 많지만, 이렇듯 방법이 없는 것은 아닙니다. 하늘은 스스로 돕는 자를 돕는다고 하지요. 여러분의 자산을 불리기 위해 가장 노력할 사람은 여러분 자신뿐입니다. 그러니 눈을 더욱 크게 뜨고 관심을 가져보세요. 종일 힘들게 일하고 피곤한 나머지 이 책을 읽으면서 나도 모르게 자꾸 고개를 떨구게 될 수도 있습니다. 그렇더라도 지금의 노력이 고스란히 자신에게 돌아올 테니 찬물로 세수하고 와서 다시금 마음을 다잡아 보세요. 평범한 사람이 비범한 사람이 되기 위해서는 평범한 일을 비범하게 해야 합니다. 그리고 그렇게 시간을 쌓아 노력한 사람으로 산증인이 되어 제가 지금 이 글을 통해 여러분을 만나고 있으니까요. 한 발자국만 앞서 있겠습니다. 기다리고 있을 테니 각자의 속도에 맞추어 꾸준히 따라오시길 바랍니다.

모멘토 님의 현장 임장 보고서 일부

* 임장 보고서 전체 내용은 부록(2권)에 수록될 예정입니다.

임장 후 생각 톡톡

- 2022~2023년 2월까지 전국 부동산 시장 가격이 하락 조정되는 상황에서도 분당은 재건축·리모델링 이슈와 전국 상위권 학군지라는 요소로 인해 전세가도 받쳐주고 실수요가 탄탄함을 전국 매매가격 변동률 지표로도 확인할 수 있었다.

- 1기 신도시 재건축 관련 부동산 정책이 발표될 때마다, 리모델링 추진 단지보다는 역세권 주변과 통합재건축 추진 단지들의 매수 문의와 거래가 지속적으로 증가하고 있음을 현장에서 확인할 수 있었다.

- 현장에서 확인한 급매물 유형은 ①다주택자 양도세 중과 유예 기간 내 양도세를 덜 내는 범위 내에서 급매로 던지는 경우 ②약 30퍼센트 정도 하락한 서울에 입성하기 위해 매도자는 약 20퍼센트 아래로 내놓는 경우 ③리모델링 추가 분담금이 부담스러워 던지는 경우 ④투자자들이 상대적으로 많이 진입한 일부 소형 평형의 매물 등이었다. 이처럼 분당 부동산 본연의 가치가 떨어진 것도 아니며, 전반적인 시세가 하락하는 분위기도 아닌 것을 확인했다.

- 분당은 '시범단지의 생활 편의성', '수내동의 학군', '판교의 양질의 일자리'로 인해 앞으로도 시세가 상승할 지역이라는 느낌을 현장에서 더욱 강하게 느낄 수 있었다.

- 리모델링 단지 매전 갭(약 4.2억 원)은 재건축 단지 매전 갭(약 4.5억 원)과 비교했을 때 큰 메리트가 없어 보여 투자 매력도는 낮지만, 빠른 시일 내에 신축을 원하는 실수요자들에게는 인기가 있을 것 같다.

- 단지별/평형별 '대지 지분'과 '평단지분가'를 종합적으로 살펴보면 30평대 이하는 약 1억 원 전후, 40평대 이상은 약 7,000만 원 전후 수준으로 재건축을 고려하여 매수 계획이 있는 실수요자라면 40평대 이상의 대지 지분이 많은 단지를 선택하는 것이 좋을 듯하다.

- 현장에서는 분당 재건축이 완성되기까지는 앞으로 최소 15년 이상이 소요될 것으로 예상하고 있으며, 재건축 장기 투자 관점에서 매매 절대가가 낮고, 매전 갭 4억 원 초반으로 매수할 수 있는 시범우성 17평, 시범현대 18평, 시범한양 14평 매물을 모니터링해 매수 타이밍을 잡아보는 것이 좋겠다.

리모델링·재건축 추진 단지 대지 지분 및 용적률

구분	단지명	주거지역	세대당 평균대지 지분	용적률
시범단지	삼성한신	제3종일반	19.5평	191%
	시범우성	제3종일반	17.4평	191%
	시범현대	제3종일반	20.3평	194%
	시범한양	제3종일반	15.4평	201%
	시범단지 평균		18.15평	194%
양지마을	양지1금호	제3종일반	21.4평	215%
	양지2청구	제3종일반	20.9평	214%
	양지3.5금호	제3종일반	19.9평	215%
	양지5한양	제3종일반	14.7평	157%
	양지6금호청구	준주거지역	15.7평	236%
	양지마을 평균		18.52평	207%
효자촌	동아	제3종일반	19.4평	187%
	임광	제3종일반	19.4평	186%
	현대	제3종일반	19.8평	185%
	삼환	제3종일반	20.9평	174%
	효자촌 평균		19.8평	183%
파크타운	대림	제3종일반	19.1평	211%
	서안	제3종일반	15평	211%
	롯데	제3종일반	20.3평	211%
	삼익	제3종일반	20.9평	211%
	파크타운 평균		18.8평	211%
장미마을	현대	제3종일반	13.7평	214%
상록마을	우성	제3종일반	17평	218%

핵심 단지만 쏙쏙! 알짜배기 코스-시범단지, 양지마을

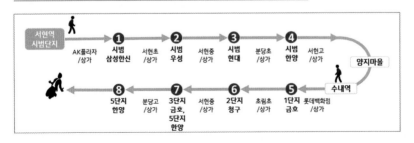

임장순서	단지명 (단지정보)	면적	대지지분 (평)	평단지분가	실거래 현황					
					매매		전세		Gap	전세가율
					금액	계약월	금액	계약월		
①	시범 삼성한신 [1,781세대] 용적률 191%	22평	10.8	0.99	10.7	'22.8	4.5	'23.2	6.2	42%
		32평	15.7	0.97	15.2	'23.1	6.9	'23.2	8.3	45%
		48평	23.7	0.82	19.5	'22.6	7.3	'23.2	12.2	37%
		62평	30.5	0.82	24.9	'22.4	13.0	'21.3	11.9	52%
		70평	34.0	0.65	22.0	'21.12	12.0	'22.10	10.0	55%
②	시범 우성 [1,874세대] 용적률 191%	17평	8.2	1.04	8.5	'21.12	4.0	'22.12	4.5	47%
		22평	10.6	1.08	11.5	'21.10	4.3	'23.2	7.2	37%
		25평	11.5	0.76	8.8	'23.1	4.2	'23.2	4.6	48%
		29평	13.5	1.00	13.5	'21.7	5.4	'23.2	8.1	40%
		32평	15.1	0.85	12.8	'22.8	5.9	'23.2	6.9	46%
		46평	23.0	0.70	16.0	'22.2	7.8	'22.8	8.2	49%
		50평	23.6	0.68	16.0	'21.8	9.4	'22.7	6.6	59%
		53평	23.8	0.80	19.0	'22.5	9.2	'22.12	9.9	48%
		59평	29.3	0.36	10.5	'19.6	9.0	'22.3	1.5	86%
		63평	29.2	0.68	20.0	'22.3	13.0	'22.11	7.0	65%
		72평	34.5	0.62	21.4	'21.2	9.0	'22.12	12.4	42%
③	시범 현대 [1,651세대] 용적률 194%	18평	8.3	1.10	9.2	'22.4	3.0	'22.12	6.2	33%
		21평	10.0	1.17	11.7	'22.6	4.5	'22.11	7.2	38%
		33평	14.3	1.15	16.4	'22.6	6.2	'23.2	10.2	38%
		39평	18.2	0.91	16.7	'22.4	7.5	'23.1	9.2	45%
		46평	21.8	0.78	17.0	'22.6	11.0	'23.1	6.0	65%
		59평	27.5	0.71	19.5	'21.9	10.0	'23.1	9.5	51%
		63평	29.3	0.65	19.0	'20.12	9.0	'22.10	10.0	47%
		67평	31.2	0.70	21.8	'22.5	10.8	'23.1	11.0	50%
		68평	31.8	0.57	18.0	'22.1	10.7	'22.11	7.3	59%
		69평	32.5	0.63	20.5	'22.3	8.5	'22.11	12.1	41%
		77평	36.0	0.39	14.0	'19.10	–	–	–	–
		78평	36.7	0.54	20.0	'21.1	9.1	'22.8	10.9	46%
④	시범 한양 [2,419세대] 용적률 201%	12평	5.3	1.09	5.8	'23.2	3.2	'23.1	2.6	55%
		14평	6.5	1.20	7.9	'22.8	3.0	'23.2	4.9	38%
		22평	9.8	1.06	10.3	'21.6	4.8	'23.1	5.5	47%
		24평	10.7	1.07	11.5	'22.4	4.4	'23.1	7.1	38%
		33평	14.8	1.10	16.3	'22.4	5.7	'23.1	10.6	35%
		36평	16.1	0.92	14.8	'22.2	8.2	'21.12	6.6	55%
		47평	20.9	0.91	–	–	–	–	–	–
		49평	21.7	0.91	19.8	'22.4	8.1	'22.12	11.7	41%
		54평	24.0	0.78	18.6	'22.3	10.0	'22.10	8.6	54%
		60평	26.3	0.65	17.0	'23.2	9.5	'22.12	7.5	56%
		69평	30.2	0.76	–	–	–	–	–	–
		78평	34.5	0.72	24.9	'22.5	15.0	'22.6	9.9	60%

이전 최고가		갭	단지 모습
금액	계약월		
13.4	'22.3	"시범단지 내 4개 단지는 통합재건축을 추진하고 있고, 1기 신도시 재정비 선도지구로 선정될 가능성이 크다."	
17.1	'22.3		
19.5	'22.6		
24.9	'22.4		
22.0	'21.5		
8.5	'21.12		
11.5	'21.10	"처음에는 시범우성 단지만 재건축을 추진했지만, 건설사에서 단독 추진은 사업성이 낮다고 하여 시범단지 전체를 통합 재건축하는 방향으로 변경하여 진행하고 있다."	
12.1	'22.4		
13.5	'21.7		
16.5	'22.5		
18.0	'21.10		
16.0	'21.8		
21.0	'22.4		
10.5	'9.6	"시범단지(4개 단지)는 총 7,725 세대로 재건축시, 선호도가 높은 브랜드 신축 대단지가 될 곳으로 기대감이 크다. (양지마을과 파크타운은 모두 더해도 총 7,244세대)"	
20.0	'22.3		
21.4	'21.2		
9.3	'22.3		
11.9	'21.8		
16.4	'22.6		
17.4	'22.4	"부동산 대새 조정장이 시작된 2022년에도 신고가 거래가 된 단지가 있으며, 금리 급등 시기에 매도자 사정이 급한 일부 매물들은 2022년 12월~2023년 2월 사이에 급매로 거래되었다."	
18.3	'22.5		
19.5	'21.9		
19.0	'20.12		
22.0	'21.8		
19.0	'21.8		
20.5	'22.3	"서현동은 수내동 다음으로 선호 하는 학군지로서, 실거주자들의 수요가 탄탄하다. 그래서 매매, 전세, 월세 모두 거래가 잘된다."	
14.6	'08.1		
20.0	'21.1		
7.0	'22.5		
8.0	'22.5	"시범삼성한신과 시범한양은 서현역 초역세권 단지이며, 시범우성과 시범현대는 서현역과 조금 거리가 있긴 하지만 큰 평수 비율이 높고, 조경 관리가 잘 되어 있어 쾌적한 느낌이 든다."	
10.3	'21.6		
12.5	'22.3		
16.3	'22.4		
14.8	'22.2		
–	–		
19.8	'22.4	"시범단지는 특히 32평 전세 거래가 활발하다."	
18.6	'22.3		
21.0	'22.5		
–	–		
24.9	'22.5		

야탑동 리모델링 단지 뽀개기 코스-매화마을

임장순서	단지명 (단지정보)	면적	대지지분 (평)	평단지분가	실거래 현황				Gap	전세가율
					매매		전세			
					금액	계약월	금액	계약월		
①	매화마을 공무원 1단지 [562세대] 용적률 164%	20평	11.5	0.71	8.2	'22.5	2.7	'23.2	5.5	33%
		24평	13.7	0.62	8.5	'22.5	4.3	'23.2	4.2	51%
		25평	13.9	0.67	9.3	'22.5	2.9	'23.2	6.3	32%
②	매화마을 공무원 2단지 [1,185세대] 용적률 200%	24평	11.7	0.73	8.5	'21.7	3.5	'23.1	5.0	41%
		26평	11.8	0.59	7.0	'23.1	3.2	'23.1	3.8	46%
		28평	13.5	0.67	9.0	'22.1	3.5	'23.1	5.5	39%
		29평	13.5	0.74	10.0	'21.9	4.0	'23.2	6.0	40%

'22년 신고가 ▉▉▉ 23.2.19 기준

이전 최고가		갭	단지 모습
금액	계약월		
8.4	'22.5	"추가 분담금을 낼 수 없는 분들이 요즘 급매로 내놓고 그외에는…… 없다."	
9.5	'22.1	"요즘 매매 거래가 안 되니 주인들은 매도 금액을 더 이상 낮추지 않고 전세나 반전세로 돌린 물건이 많다."	
9.7	'21.9		
8.5	'21.7	"투자 방법으로 속도가 빠른 리모델링 단지를 지금 매수해서 완공때까지 보유하고, 입주 시 신축 아파트에 대한 수요가 높을 때 매도한 뒤 재건축 추진단지로 갈아타는 방법이 있다"	
9.8	'21.10		
10.0	'21.9	"야탑 장미마을, 매화마을은 판교까지 자전거로 출퇴근이 가능한 위치이고, 상대적으로 가격도 매력적이어서 판교에 직장을 둔 젊은층이 많이 거주하고 있다."	
10.0	'21.9		

정자동, 구미동 리모델링 단지 뽀개기 코스-느티마을, 무지개마을

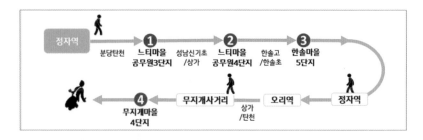

임장순서	단지명 (단지정보)	면적	대지지분 (평)	평단지분가	실거래 현황				Gap	전세가율
					매매		전세			
					금액	계약월	금액	계약월		
①	느티마을 3단지 [770세대] 용적률 178%	25평	13.0	0.95	12.4	'22.6	3.2	'23.2	9.2	26%
		27평	15.0	0.95	14.2	'22.5	3.4	'22.12	10.9	24%
②	느티마을 4단지 [1,006세대] 용적률 180%	24평	12.7	0.92	11.7	'21.7	2.3	'23.1	9.4	20%
		25평	12.8	0.78	10.0	'22.12	3.2	'23.2	6.8	32%
		27평	14.5	0.90	13.0	'22.3	3.5	'22.12	9.5	27%
		28평	14.7	0.90	13.2	'22.3	3.0	'23.1	10.2	23%
③	한솔마을 5단지 [1,156세대] 용적률 170%	17평	8.9	0.67	6.0	'23.1	1.7	'23.2	4.3	28%
		19평	9.2	0.62	5.7	'22.10	1.9	'23.1	3.8	33%
		23평	11.6	0.69	8.0	'22.3	2.2	'23.2	5.8	28%
		30평	15.6	0.60	9.5	'21.12	2.1	'23.2	7.4	22%
		31평	15.6	0.54	8.5	'23.1	3.3	'23.2	5.2	39%
④	무지개마을 4단지 [536세대] 용적률 170%	20평	11.3	0.71	8.0	'21.5	2.6	'22.10	5.4	33%
		23평	13.1	0.41	5.3	'23.2	3.0	'22.10	2.3	56%
		24평	13.7	0.42	5.7	'23.1	3.7	'23.2	2.0	65%

이전 최고가		갭	단지 모습
금액	계약월		
13.0	'21.11	"한솔5단지보다 느티마을 3,4단지의 리모델링 속도가 빠르고 순조롭게 진행 중이다."	
14.5	'22.5		
11.7	'21.7	"리모델링 단지 갭 투자를 고려할때는 이주비, 분담금, 중도금 비용까지 고려하여 유리한 단지를 선택해야 한다."	
13.5	'22.3	"리모델링 단지는 수평 증축에 따른 세대 내 구조적 한계와 호수 재지정이 안 된다는 단점이 있지만, 신축에 빨리 거주하고 싶은 이들이 매수한다. "	
14	'21.8		
14.5	'21.7	"한솔마을 5단지는 이주를 앞두고, 조합-조합원간 소송에서 조합이 패소하여 리모델링 진행이 멈춘 상태로, 2022년 3월 거래가 대비 약 23퍼센트까지 하락한 실망 매물이 나오고 있으나 거래가 되진 않는다."	
9.65	'21.9		
10.38	'21.9		
10.0	'21.10	"한솔마을 5단지는 리모델링 후 현 관리사무소 자리에 증축되는 별도동이 단지 안쪽이라 선호도가 높다."	
13.0	'21.3		
12.5	'22.4	"무지개마을 4단지는 2022년 9월 6일 정기총회에서 분담금을 확정하고 대출금 진행(계약금 10퍼센트, 잔금 90퍼센트) 관련 내용도 확정하여 진행 중이다."	
8.0	'21.5		
9.6	'21.10	"무지개마을 4단지는 조합-조합원간 소송에서는 조합이 승소하여 추가 절차 진행에 문제 없다. 2022년 12월부터 이주가 시작되고, 현재 분당에서 리모델링 진행 속도가 가장 빠르다."	
9.6	'21.8		

3장

아직 기회의 땅,
일산

1기 신도시 어디도 갖지 못한
강점을 가진 일산

1기 신도시는 저마다 다른 강점을 가지고 있습니다. 그중에서도 일산은 저평가 지역으로 관심받고 있는 도시입니다. 왜 일산이 저평가받는 걸까요? 지리적으로 보나 비교 지역으로 보나 일산이 1기 신도시 내에서 가지는 위상은 막내가 아닐 텐데 말입니다.

사실 일산은 2000년대 초반만 하더라도 강남에 사는 사람들이 새 아파트에 살고 싶다거나, 평형대를 넓히고자 이사를 고려할 때 분당, 평촌과 함께 고려하던 지역 중 하나였습니다. 지금 이렇게 말하면 황당하게 생각하실 분들이 많겠지만 그때는 그랬습니다.

그런데 시간이 지나면서 상황이 많이 바뀌었습니다. 강남은 테헤란로의 성장으로 이제는 아주 다른 세상의 '넘사벽' 지역이 되었습니다. 분당도 판교의 발전과 함께 이제는 서울의 주거 수요를 분산하기 위한 위성도시가 아닌, 자급자족 도시 중에서도 새로운 강자로 급부상했습니다. 평촌 또한 1기 신도시 중 가장 그 역할에 충실한 도시로 학군이면 학군, 교통 편의성이면 교통 편의성 무엇 하나 빠지지 않고 몸값을 높이고 있습니다.

그러나 일산은 어떤가요? 이전에 어깨를 나란히 하던 지역들과는 다르게 지역의 포지셔닝이 조금 애매해졌습니다. 이 때문에 전보다 못한 평가를 받게 되었습니다. 이러한 평가의 과정을 다음의 그래프를 통해 알아보도록 하겠습니다.

• 1기 신도시 아파트 매매 가격 지수 추이 •

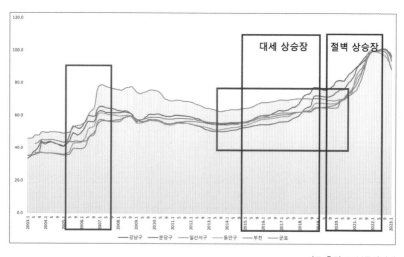

자료 출처: KB부동산시세

왼쪽 빨간 박스부터 보면 일산(회색)은 2005년부터 2007년 상반기까지는 오히려 여타 지역보다, 심지어는 강남보다도 상승 속도와 폭이 빠르고 높다는 것을 알 수 있습니다. 2005년 1월~2007년 1월에 강남의 아파트 매매 가격 지수가 40.9에서 63으로 22.1포인트 상승할 동안 일산은 49에서 78.5으로 총 29.5포인트 상승했습니다. 강남보다 7.4포인트나 더 상승한 것입니다. 별 차이 안 난다고 생각하실 수 있으나 지역 평균 차이를 나타낸 것이니 상당히 큰 수치입니다.

2008년 세계적인 금융위기인 리먼 사태 이후로 부동산 시장은 긴 하락세를 겪게 됩니다. '버블세븐(정부에서 아파트 값에 거품이 껴 곧 가격 붕괴가 있으리라 예상한 7개 지역(강남구, 서초구, 송파구, 목동(양천구), 분당 신도시, 평촌 신도시, 용인시))'이라는 말이 생길 정도로 워낙 큰 상승을 겪었던 만큼 이때의 하락은 더 크게 다가왔습니다. 그러나 역시 영원한 상승도 없고, 영원한 하락도 없습니다. 시간이 지나자 서울과 수도권이 회복기에 들어가고, 이후 상승장은 '대세 상승장', '절벽 상승장'이라고 불리며 유례없는 상승을 하게 됩니다.

그러나 일산은 이전에 강한 상승세를 보였던 지역이었던 것과 달리 강보합 또는 소폭 상승을 유지하면서 뒤처지게 됩니다. 그 기간이 길어지자 안타깝게도 이전의 위용은 사라졌습니다. 이제는 일산을 강남이나 분당과는 비교하려 하면 오히려 이상하게 여길 정도입니다. 더욱 경악할 일은 이제 평단가만 본다면 부천, 산본보다도 낮다는 것입니다. 입지나 주변 인프라, 도시의 조성을 제외하고 가격으로만 따진다면 1기 신도시 중 막내가 된 것이 지금의 현실입니다.

• 일산 신도시 매매 평단가 추이 •

이렇게 이야기하다 보니 더욱 일산이 안타깝게 느껴집니다. 그만큼 일산이 상대적으로 저평가되었기 때문입니다. 게다가 일산은 이제 변화를 꾀하고 있습니다. 다른 지역이 움직이는 동안 상대적으로 조용했지만, 이제는 움직일 기회가 오지 않았나 싶습니다. 설움이 있었지만, 오히려 자본의 규모와는 상관없이 모두에게 두루 관심을 받을 수 있는 좋은 환경이 마련된 도시가 되었습니다.

일산의 변신은 무죄,
수익으로 보답할 뿐

그렇다면 일산의 도약을 가능하게끔 하는 요소는 무엇일까요?

첫 번째는 누가 뭐라 해도 교통 호재입니다. 이전에 일산이 상승 흐름을 잘 타지 못한 건 교통이 불편해서입니다. 일산에서 대중교통을 이용하면 서울 중심업무지구, 특히 가장 큰 규모인 강남 업무지구로의 접근성이 떨어집니다. 즉, 이동 시간이 길고, 여러 번 갈아타야 해서 불편하다는 것이지요. 부동산 가치가 오르려면 무엇보다 그 지역을 원하는 사람이 많아야 합니다. 수요가 따라오고 오래 거주하며 탄탄하게 받쳐줘야 합니다. 그런데 대중교통이 불편하다 보니 출퇴근이 가능한 지역의 범위가 좁고, 끌어올 수 있는 인구, 즉 수요가 제한된 것입니다. 강남까지 이동하려면 2시간 이상 걸리기 때문에 출퇴근하는 직장인의 관심을 받기 어렵습니다. 그나마 3호선이 있어 은평구를 돌아 서울 중구 업무지구까지는 출퇴근할 수 있지만, 만약 강남까지 간다면 일을 시작하기도 전에 기력이 다 빠질 겁니다. 그것도 매일요. 지옥이 따로 없습니다. 그렇다 보니 수요적인 측면에서 일산의 한계가 명확했던 것입니다. 한 번이라도 다른 1기 신도시에서 대중교통을 이용해 강남까지 가보신 분이라면 얼마나 차이가 있는지 이해하실 수 있을 것입니다.

하지만 앞으로는 달라질 것입니다. GTX-A는 물론, 대곡소사선, 고양선, 인천 검단과의 연결을 위한 인천 2호선, 뿐만 아니라 서울-문산 고속도로까지. 그동안의 불편사항을 대거 해소해 줄 교통 라인이 대거 계획 및 진행되고 있습니다. 지금까지 계획된 교통 호재들이 실현된다

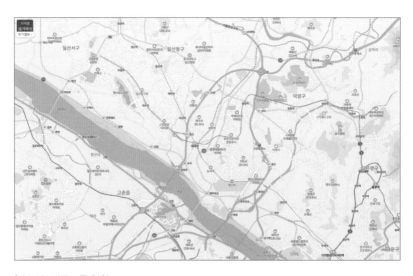

| 일산의 대중교통 현황

출처: 호갱노노

수도권 서북부 **광역교통개선** 구상안

━ 서울-문산 고속도로	시공중	⋯ 인천1호선 검단 연장	설계중
━ 토당-관산 도로	시공중	⋯ 인천2호선 검단 연장	계획중(예타준비중)
━ GTX-A	시공중	⋯ 인천2호선 일산 연장	계획중(사전타당성 조사중)
━ 김포도시철도	시공중(7월 개통 예정)	⋯ 한강선	계획중(사전타당성 조사중)
━ 대곡-소사	시공중	⋯ 고양선	광역교통개선대책
⋯ 대곡-소사 연장	계획중(MOU 체결)	⋯ 서부선	민자 적격성 조사중
⋯ 지하철3호선 연장	계획중(사전타당성 조사중)		

김영은 기자 / 20190523 트위터 @yonhap_graphics 페이스북 tuney.kr/LeYN1

자료/국토교통부 〔연합뉴스〕

| 일산 교통 호재 반영 후

사진: 연합뉴스

면 서울 중심업무지구는 물론, 인천, 김포, 강서구, 경기도로의 이동까지 빠르고 편리하게 이동할 수 있게 됩니다. 경기 서북부에 치우쳐져 다소 고립되어 있던 그들만의 도시가 아니라 주변 도시와 긴밀하게 연결된 새로운 중심도시로, 서북부의 강자로 떠오르게 될 것입니다.

일산을 일으킬 두 번째 호재는 일자리입니다. 더 자세히는 일산테크노밸리와 CJ 라이브시티, 고양 방송영상밸리에서 창출될 일자리입니다. 일산은 GTX 킨텍스역 주변에서 조성되는 일자리로 추후 교통 호재의 시너지까지 누릴 수 있는 입지를 가지고 있습니다. 시간이 지나 GTX가 개통되면 강남까지 20분 내에 이동할 수 있게 되고, 김포공항, 인천공항으로의 이동 시간도 짧아져 물류 이동에 있어 더욱 유리하게 됩니다. 그렇게만 된다면 운송 비용을 줄일 수 있게 되어 더욱 많은 기업에게 러브콜을 받을 가능성이 커집니다. 게다가 우리나라에는 2~3,000명 이상 입장 가능한 공연장이 많지 않습니다. 이제는 K-컬처 (K-Culture)로 인해 세계적으로 이름을 날리는 연예인들이 제법 많습니다. 특히 세계적인 인기의 BTS가 있지요. 그러나 지금은 우리나라에 세계적인 규모의 무대를 열만큼 큰 공연장 없어서 다른 나라에서 큰 공연을 합니다. 그러나 새로이 조성되는 CJ 라이브시티에서는 대규모 공

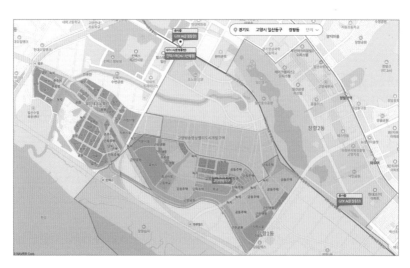

| 일산 테크노밸리의 위치

출처: 네이버부동산

연이 가능해집니다. 만약 그런 세계적인 공연이 이곳에서 개최된다면 해외 관광객들이 물 밀듯 찾아오고, 그와 연관이 있는 숙박, 요식업, 쇼핑 등 관광산업에 큰 역할을 하게 될 것입니다.

물론 일산이 당장 판교처럼 자급자족 도시의 강자가 되기는 어렵습니다. 일자리의 분야도 다릅니다. 분당은 IT나 첨단산업, 일산은 방송과 관광 분야로 결이 다릅니다. 그러니 꼭 판교와 같은 모습만이 정답은 아니고 일산만의 무기를 키워나가면 되는 것입니다.

아직 안정화되지도 않은 호재만으로 큰 기대를 갖는 것은 섣부른 생각일 수 있습니다. 기다리던 호재가 실현된다 해도 우리가 기대하는 만큼의 성과가 있을지는 겪어봐야 알 수 있는 부분이기도 하고요. 하지만 각종 서북부 광역교통망이 계획대로 진행되기만 한다면 일산은 지금처럼 도외시된 1기 신도시로 남아 있지는 않을 것입니다. 또한 일자리 개발계획을 통해 자급자족 도시로 성장하는 것은 물론 인천시, 강서구, 김포시 등 주변 지역과의 연결이 더욱 긴밀해져 그 이상의 역할을 하게 될 것이라 기대합니다. 그동안은 다른 지역과의 연계에 부족함이 있었을 뿐이지 지역 내 인프라나 환경이 부족했던 것은 아니기 때문입니다. 학군과 학원가는 물론이고 1기 신도시에서 가장 높은 녹지 비율, 일산의 상징인 호수공원까지 생각하면 조건이 좋습니다. 그러니 이제부터 기지개를 켤 일산을 좀 더 면밀히 들여다볼 필요가 있습니다.

일산은 1기 신도시에서 녹지 비율이 가장 높고, 주거 환경도 상당히 쾌적합니다. 일산의 서구와 동구가 나뉘는 지역에는 정발산이 있고, 서구와 동구에는 3호선, 경의중앙선과 연결된 산책로가 조성되어 있습니다. 게다가 일산의 랜드마크인 일산 호수공원은 방점을 찍을 정도로 규모가 상당합니다. 호수공원은 예전에 강남 사람들이 일산으로 이사를 고려할 때 매력 포인트로 꼽는 것 중 하나였을 정도입니다. 부담스럽지 않은 가격으로 비교적 새 아파트로 이사할 수 있고, 평형대도 강남보다 넓게 갈 수 있고, 은퇴 후에는 호수공원 산책을 하며 여유로운 시간을 보낼 수 있겠다는 생각이 들었기 때문입니다. 녹지의 쾌적함을 비교해 본다면 부천과는 정말 차이가 큽니다. 부천의 중동 신도시는 중앙공원 이외에는 녹지라고 부를 만한 곳이 거의 없기 때문입니다. 그리고 1기 신도시가 조성되던 시기에 일산 호수공원은 정말 특별했습니다. 지금도 호수공원의 가치는 충분히 인정받고 있지만, 그 당시에는 서울에서 호수공원을 기대할 수 있는 곳이 정말 많지 않았기 때문에 가치가 대단했습니다.

뿐만 아니라 일산은 미래의 도시로서의 가치도 높습니다. 「노후계획도시 특별법」 주요 내용 발표로 개발 가이드가 나온 만큼 기존의 구축 아파트는 이제 더욱 명확한 가치를 가지게 되었습니다. 게다가 일산 신도시와 경계선을 맞대고 있는 킨텍스 일대가 개발되고 있어 추후 더욱 큰 가치 상승을 일으킬 수 있는 요소도 가지고 있습니다.

또한 일산은 다른 지역보다 재건축으로 진입하기에 매력적인 도시입니다. 현재 수도권에서 진행 속도가 빠른 재건축 단지나 입지가 좋은 초기 단계의 재건축은 투자금이 최소 5억 원 이상 있어야 시도해볼 수 있습니다. 그러나 일산은 비교적 적은 투자금으로도 입성 가능합니다. 요즘처럼 불확실한 시장에서 투자금을 많이 넣을수록 불안할 수밖에 없는데요, 일산은 1기 신도시 중에서도 가장 낮은 평단가를 형성한 지역으로 가격에 대한 부담감이 가벼운 것도 한몫합니다.

가격에 대한 부담감, 이것이 잘 이해되지 않을 수도 있습니다. 예를 들어봅시다. 지금 내가 가진 돈은 1,000만 원입니다. 마침 매매가와 전세가의 금액 차이가 딱 1,000만원인 집이 두 채 있습니다. 그중 하나는 매매 가격이 5억 원이고, 다른 집은 10억 원이라고 할 때, 어느 집을 사는 것이 더 부담스러운가요? 당연히 10억 원짜리 집이 더 부담스럽겠죠. 당장 내가 투입하는 돈은 1,000만 원에 불과하지만 결국 책임져야 하는 금액이 달라지기 때문입니다. 혹시 문제가 생긴다면 내가 투자한 1,000만 원만 책임지면 되는 것이 아니라 매매 가격 전부를 책임져야 할 테니까요. 때문에 상대적으로 평단가가 낮은 일산에 투자할 때 마음이 덜 무거운 것입니다.

일산의 숨은 가치

3대 학군 VS 1기 신도시 학군

그럼 이제 일산의 특징을 본격적으로 알아볼까요? 다만 앞서 말씀 드릴 것은 투자를 위해 가치판단을 할 때 단지를 하나씩 떼어 놓고 보면 판단하기가 어렵다는 것입니다. 우선 지역 전체의 가치를 보고, 특징별로 단지의 가치를 좁혀가면서 보는 편이 훨씬 수월합니다. 그래서 우리는 우선 일산 신도시 전체를 특징에 따라 나누어 살펴보도록 하겠습니다.

앞서 1기 신도시는 각기 다른 특징을 가지고 있다고 한 것을 기억하시나요? 각 도시는 발전을 위해 기본적으로 일정 수 이상의 수요를 가시고 있어야 합니다. 한번 들이온 수요가 빠져나가지 않고, 미처 들어오지 못했던 이들도 오매불망 이 지역에 들어오고 싶어 해야 합니다. 그 수가 많으면 많을수록 도시가 빠르게 성장하고 발전합니다. 사람이 모여야 돈이 돌고 인프라가 갖춰지면서 활기를 띠고 지역 발전이 가속화되기 때문입니다.

그런 면에서 일산은 학부모들이 선호하는 학군과 학원가를 갖춘 도시로 수요를 머무르게 하는 매력이 있습니다. 물론 우리나라에는 대표적인 3대 학군지(대치동, 목동, 중계동)가 있고, 1기 신도시에서도 분당, 평촌이 있지만, 가성비에 있어서는 일산이 최고입니다. 그 이유를 대표적인 우리나라 3대 학군지와 비교해 보겠습니다.

우선 3개의 학군지 중 평단가가 가장 낮은 중계동과 비교한다 해도 가격 차이가 꽤 큽니다. 은행사거리 학원가와 가까운 청구3차 31평의 매매 가격이 10억 원 이상입니다(2023년 2월 실거래가 기준). 그나마 이 것도 최근 부동산 시장의 하락에 영향을 받은 가격입니다. 2021년 2월인 전고점(前高點, 이전 가격의 고점)은 14억 원을 넘어가기도 했습니다. 평촌의 경우, 좋은 학군과 가까운 학원가를 이용할 수 있는 귀인마을 현대홈타운 33평은 9억 원 이상입니다(2023년 2월 실거래가 기준). 이 단지도 2022년 9월 전고점은 12억 6,000만 원 정도에 거래되었습니다.

그에 반해 일산은 유명 학군 및 후곡 학원가와 가까운 후곡마을9단지롯데 31평이 채 6억 원이 되지 않습니다(2023년 2월 실거래가 기준 5억 7,000만 원). 지역 내 최고 학군에 배정받을 수 있고, 학원가까지 도보로 이동할 수 있는 단지의 가격도 이렇게나 다릅니다. 10억 원대, 9억 원대와 비교했을 때, 6억 원대는 가성비에 있어 압도적입니다.

게다가 1기 신도시 학군지 중심 단지만의 장점이 또 있습니다. 3대 학군지는 정권과 정책, 부동산 시장에 민감한 지역으로 정권이 바뀌거나 시장 분위기가 안 좋으면 고전을 면하기가 쉽지 않습니다. 때마다 굴곡이 나타나는 것이지요. 시기가 힘들어서 나타나는 굴곡일지라도 그 깊이가 훨씬 깊고 긴 편입니다. 그러나 1기 신도시의 학군지들은 중산층 도시로 훨씬 안정적인 모습을 보여줍니다. 이번 부동산 시장 냉각기에는 빠른 금리 인상으로 한동안 매매와 전세 모두 거래 실종 상황이었습니다. 하지만 1기 신도시 학군지는 같은 상황에도 조금 더 빠른 시기에 전세와 거래가 잡히기 시작했습니다. 그리고 전세가의 하락폭 또한 훨씬 좁았습니다. 이는 안정적이고 꾸준한 수요가 있다는 증거입니다.

학군지 간편 판별법

일산의 매력 포인트는 학군입니다. 학군이 매력인 지역은 어떻게 판단할 수 있을까요? 간단한 판별법을 알려드리겠습니다.

일반적으로 유명 학군을 선호하는 사람들은 아이들 교육에 관심이 높은 학부모입니다. 이사를 하더라도 아이 학업에 부담이 되지 않게 학기 중 이사는 삼가고, 방학을 이용하는 특징이 있습니다. 그런 수요 층이 모인 지역과 단지는 거래 시기와 거래량에서 특징적인 모습을 보입니다. 1년 동안의 거래량을 쭉 살펴보면 거래량이 유독 많은 성수기가 7, 8월과 1, 2월 즉, 여름방학과 겨울방학입니다. '학군지 월별 거래량 예시'에서는 그렇지 않으나 학군지의 전반적인 특징은 그렇습니다. 그림45처럼 말이지요. 방학에 맞춰 이사하고 싶다면 보통 두 달 전에는 계약해야 하기 때문에 계약일이 6월과 12월에 집중되어 있는 것을 알 수 있습니다.

전체 41.13㎡ 84.95㎡

2020.01		2020.02		2020.03		2020.04		2020.05		2020.06	
계약일	거래금액(층) (해제사유 발생일)	계약일	거래금액(층) (해제사유 발생일)	계약일	거래금액(층) (해제사유 발생일)	계약일	거래금액(층) (해제사유 발생일)	계약일	거래금액(층) (해제사유 발생일)	계약일	거래금액(층) (해제사유 발생일)
22	48,900 (11)									2	44,000 (15)
23	37,500 (1)									8	19,600 (3)
										12	50,500 (6)
		11	50,000 (7)	4	19,000 (14)			14	17,500 (2)	15	46,000 (2)
		15	48,000 (4)	23	42,500 (2)			16	47,000 (5)	16	19,000 (5)
		19	47,000 (8)						50,000 (18)	17	19,900 (5)
										18	52,500 (10)
										23	50,000 (7)
										30	55,000 (11)

2020.07		2020.08		2020.09		2020.10		2020.11		2020.12	
계약일	거래금액(층) (해제사유 발생일)	계약일	거래금액(층) (해제사유 발생일)	계약일	거래금액(층) (해제사유 발생일)	계약일	거래금액(층) (해제사유 발생일)	계약일	거래금액(층) (해제사유 발생일)	계약일	거래금액(층) (해제사유 발생일)
1	55,000 (8)	17	57,000 (17)	19	18,000 (1)	13	17,900 (1)	18	62,000 (15)	9	19,400 (1)
7	55,000 (6)							24	63,000 (19)		22,000 (10)
9	58,000 (8)							25	63,000 (14) 20.12.18	11	19,200 (11)
23	22,000 (7)									19	67,000 (21)
									63,000 (14)		67,000 (21) 21.01.12
										26	25,000 (12)

| 학군지 월별 거래량 예시

출처: 국토교통부 실거래가

두 번째, 일산이 가진 2개의 핵

일산에는 이러한 학군 파워를 보이는 2개의 구역이 있습니다. 오마 학군을 중심으로 하는 일산서구의 후곡 학원가 구역과 백석고등학교

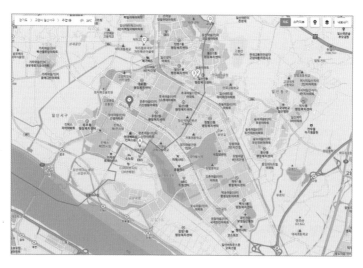

| 일산서구 행정구역

출처: 카카오맵

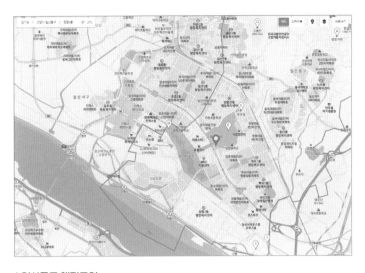

| 일산동구 행정구역

가 있는 일산동구의 백마 학원가 구역입니다. 그런데 지역 공부를 하다 보면 행정구역과 생활권은 다르게 형성되는 것을 알 수 있습니다. 행정구역상 구분은 아래와 같습니다.

그런데 신기하게도 학군에 영향을 받아 가격이 형성되어 있는 지역은 '일산을 두 개의 생활권으로 나누기'와 같이 두 지역으로 크게 구분됩니다. 앞으로 우리가 일산 신도시를 살펴볼 때 지도의 왼쪽 구역을 후곡 학원가를 중심으로 형성된 일산서구, 오른쪽은 백마 학원가를 중심으로 형성된 일산동구라고 지칭해서 설명해 드리겠습니다. 이렇게 구역을 지칭하는 것은 모든 행정구역이 일산 신도시에 포함되지는 않기 때문에 혼선을 방지하기 위해 범위를 지정하는 것입니다.

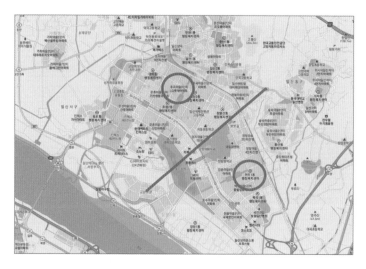

| 일산을 두 개의 생활권으로 나누기

출처: 카카오맵

    일산 신도시는 1기 신도시에서도 유독 바둑판처럼 네모반듯하고 규모가 큰 단지가 많은 편입니다. 게다가 워낙 단지 수가 많다 보니 단지명 이외에도 ○○마을로 구분되어 있고, 그 수도 많은 편입니다. 겹치되는 브랜드 및 단지 번호가 많아 구분이 필요했으리라 생각됩니다. 예를 들어 16단지만 해도 3~4개나 되니까요. 지역조사를 하는 분들께 안타까운 소식은 마을 이름별로 구역과 수요의 특징이 나뉘지는 않는다는 것입니다. 다시 말해 마을 단위가 수요의 특징을 나누는 생활권과 일치하지 않습니다. 그래서 특징을 정확히 파악하려면 일일이 구역을 돌아보며 위 지도와 같이 생활권을 새로이 나누고 지역을 이해해야 합니다.

    그럼 이제 일산서구의 후곡 학원가를 중심으로 형성된 구역을 먼저 자세하게 알아보겠습니다.

핵 ① 후곡 학원가

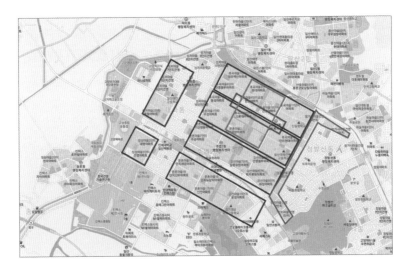

| 일산서구 세부 생활권 구역도

출처: 카카오맵

후곡 학원가로 대표되는 일산서구는 신기하게도 후곡 학원가 인근 단지가 가장 높은 평단가를 형성하고 있지는 않습니다. 그 지역을 대표하는 특징을 가지고 있다고 해도 서울의 위성도시로서 모든 사람이 학교와 학원만을 최고로 꼽지는 않기 때문입니다. 어떤 사람은 역과 가까운 것을, 어떤 사람은 대형 평형을 선호합니다. 이러한 수요의 다양성으로 인해 나타나는 차이가 가치를 만들고, 그것을 알아채는 눈을 만드는 것이 투자자의 일입니다. 이것이 부동산 시장을 공부하는 재미 아닐까요?

사실 지난 2020년과 2021년은 전에 없던 큰 상승과 각종 부동산 규제가 난무한 시기로 시장이 이전과 같은 패턴을 보이지는 않았습니다. 그래서 현재의 부동산 시장은 과거의 특징과 패턴이 많이 흐려진 상황입니다. 이때는 해당 지역의 특징을 파악하기가 쉽지 않았습니다. 하지만 작년 하반기부터 지난 1.3대책까지 그간 거미줄처럼 촘촘하게 만들었던 규제 정책을 풀어내고, 시장의 정상화를 위해 박차를 가하고 있습니다. 그러한 노력 덕분인지 상급지부터 거래가 살아나는 모습이 보이고 있습니다. 우리는 그러한 모습이 본격화되기 전에 일산의 지역적인 특징과 수요의 특성을 미리 알아둘 필요가 있습니다.

우선 일산서구는 3호선 주엽역을 기준으로 생활권이 위아래로 나뉘어 있고, 다른 지역과는 달리 대형 평형이 주를 이루는 단지가 비교적 역과 가까이 있습니다. 대형 평형이 많은 단지는 한적한 곳에 위치하는 경우가 보통입니다. 또한 주엽역 인근 단지는 길게 이어져 있는 강선공원과 문화공원을 바로 이용할 수 있습니다. 후곡 학원가 또한 이용할 수 있습니다. 일산 호수공원 주변 경의중앙선 일산역과 가까운 단지들과는 다르게 대형 평형이 많이 구성되어 있고, 40평형 이상의 평단가가 높은 편입니다.

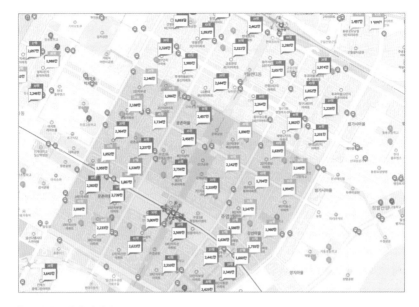

| 일산서구 매매 평단가

출처: 부동산 지인

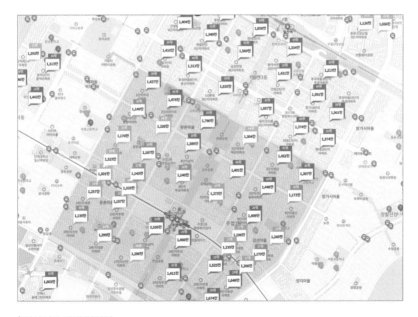

| 일산서구 매매 평단가

출처: 부동산 지인

하지만 투자자들에게는 강선마을이나 문촌마을보다는 후곡마을이 훨씬 많이 거론됩니다. 왜냐하면 20~30평형대 가격이 상대적으로 저렴하고, 역세권 단지보다 전세 평단가가 높기 때문입니다. 이럴 때는 어떤 현상이 생길까요? 매매가와 전세가의 가격 차이가 줄어들게 됩니다. 투자에 필요한 금액이 줄어드는 효과가 있는 것이죠. 투자자는 늘 효율성과 가성비를 따지게 되는데, 그런 조건이 맞아떨어지는 것입니다.

이 구역은 가성비가 좋은 것 외에도 수요를 오래 머물게 해서 탄탄하게 하는 안정적인 수요를 끌어당기는 매력도 가지고 있습니다. 일산의 명문 학교라는 오마중학교에 배정받을 수 있고, 후곡 학원가까지 도보로 이동할 수 있는 학군의 최고 입지 조건을 가진 단지가 모여 있는 구역이기 때문입니다. 당연히 투자자들이 관심을 가질 수밖에 없겠죠?

2022년에는 기준금리가 빠른 속도로 오르며(자이언트 스텝) 시중금리를 6~8퍼센트까지 단기간에 올려놓기도 했었습니다. 변동금리로 이전에 대출을 받은 사람들의 고통이 정말 컸습니다. 특히나 전세자금대출을 받아 전세로 사는 사람들은 누구보다 이자에 보다 민감하다 보니 전세 거래량이 거의 멈춰있었습니다. 정말 다행스럽게도 2023년에 들어서서는 기준금리 인상 폭이 줄고(베이비 스텝), 2월에는 한국은행에서 금리 동결의 첫 테이프를 끊기도 했습니다. 곧 동결 이야기가 나오지 않겠냐는 작년부터 기대했으나, 2023년 초 시행된 것은 사실 속도갑 있는 것입니다. 또한 시중 은행이 기준금리보다 훨씬 높은 금리로 대출을 하는 것에 대한 정부의 경고와 압박이 있었습니다. 이제는 신규 대출자의 경우 4~6퍼센트대에 대출을 받을 수 있습니다. 특례보금자리론도 등장해 잘하면 3.5퍼센트에도 대출 가능해졌습니다. 이런 상황이 되니 그간 떨어진 가격에 매수를 고민하던 사람들이 움직이기 시작했습니다. 1월 30일부터 신청을 받았는데 2주도 채 안 돼 재원의 30퍼센트가 쓰였다고 하니 두말할 것도 없습니다.

2022년에는 급격한 금리인상으로 인해 월세 비중이 빠르게 높아졌고, 대출 규제로 실수요자와 투자자 모두 움직일 수 없었습니다. 끝나지 않을 것만 같았던 빠른 금리인상의 폭이 줄어들고, 금리 동결이 등장했습니다. 물론 앞으로 금리인상이 1~2번 더 진행될 수도 있습니다. 그런 면에서 금리인상의 리스크는 아직 남아 있습니다. 금리 인상 폭이 컸던 2022년부터 나타난 특징적인 현상은 전세자금대출 이자와 월세 금액이 같더라도 월세를 선택하는 이들이 더 많았다는 것입니다. 그러나 2023년에 들어서는 대출 이자가 4퍼센트로 낮아져 전세 거래가 살아나는 분위기이기도 합니다.

그런데 월세 거래가 증가함에 있어 문제는 월세 매물이 시장에 나오려면 부동산 소유자들이 대출을 받을 수 있어야 가능하다는 것입니다. 대출을 못 받으면 매물을 전부 현금으로 사야 하는데 그럴 수 있는 사람이 많지는 않습니다. 그리고 소유자들은 적어도 대출 이자를 내고도 남는 것이 있어야 월세를 놓고 싶어집니다. 따라서 월세가는 금리인상에 따라 오를 수밖에 없는 것이죠. 그러나 금리인상은 한없이 계속되지는 않으므로 언젠가는 월세가 전세자금대출 이자보다 높아지는 시기가 다시 찾아오게 됩니다.

지금도 기준금리는 몇 번 더 오를 여지가 있지만, 대출 시장은 이미 소강상태로 접어들었습니다. 이미 3~4퍼센트대의 대출 상품의 등장에 시장은 반응하고 있습니다. 회복탄력성이 좋은 상급지는 지난 12월부터 반응이 보이기 시작했고 1월부터는 거래량의 증가가 빨라지고 있습니다. 사람들이 다시 거래를 시작했다는 뜻입니다.

시장이 생각보다 빨리 활기를 되찾을 가능성이 커졌습니다. 그동안은 하락한 전세가로도 거래가 안 되었었다면 이제는 급매 가격의 매매나 전세는 다 거래되고, 회복세에 들어서는 지역과 단지가 늘 것입니다. 조금 더 시간이 지나면 다시금 전세를 선호하는 시장으로 돌아오고 전세가가 다시 오르게 될 것입니다. 부동산 시장 분위기가 계속 얼어 있다면 내 집 마련보다는 전월세를 더 많이 찾기 때문에 그 속도가 더욱 빨라질 수 있습니다. 그렇게 되면, 다시 전세 가격과 매매 가격의 차이가 줄어드는 상황이 올 것입니다. 2015년 즈음에 나타났던 갭 투자 환경이 또다시 조성될 수도 있습니다. 그럼 다시 투자의 바람이 강하게 불게 되겠지요.

게다가 1기 신도시는 노후계획도시 특별법으로 하나씩 단계를 밟아갈 것입니다. 당장은 큰 가시적인 변화를 기대할 수는 없지만, 과정을 밟아나가는 동안 가격은 끊임없이 출렁이며 우상향하게 될 것입니다.

아마도 선도지구가 지정되고 가시화되면 그 속도는 조금 더 빨라질 것입니다. 1기 신도시 특별법으로 발표되지 않은 건 1기 신도시 입장에서는 조금 아쉬운 일입니다. 그러나 그렇다고 해서 1기 신도시가 중심인 것은 변하지 않습니다. 이전과 같이 1기 신도시 단지들이 최우선 고려 대상이 될 테고, 낡은 아파트들은 시간이 갈수록 재건축 필요성이 더욱 커질 것입니다. 결국 시간은 우리 편입니다. 그리고 그것을 자산을 불리는 기회로 삼을지, 이번에도 그냥 흘려보낼지는 여러분의 몫입니다.

핵 ② 백마 학원가

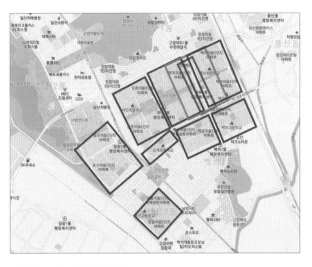

| 일산동구 세부 생활권 구역도

출처: 카카오맵

정발산 기준 오른쪽에 위치한 생활권인 일산동구를 알아보겠습니다. 일산동구에도 오마 학군처럼 유명 학군이 있습니다. 바로 백석 학군과 백마 학원가입니다. 비평준화 시절 분당 서현고등학교와 쌍벽을 이루던 백석고등학교가 이 지역에 있습니다. 지금은 그 위용이 전과 같지는 않아 학업 성취도만으로 평가할 수는 없지만, 단순 비교하자면 현재는 오마 학군에 조금 밀리고 있는 상황입니다. 그리고 학원가도 마찬가지입니다. 물론 학원 개수가 많다고 해서 우위를 차지하는 것은 아니지만, 그만큼 이용 학생 수가 많다는 증거가 되기 때문에 규모면에서 비교해 보자면 후곡에는 학원가가 222개, 백마에는 학원가가 168개로 역시나 후곡 학원가가 있는 일산서구가 조금 더 우위에 있음을 알 수 있습니다.

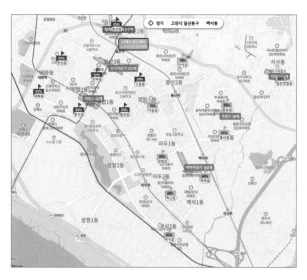

| 일산 신도시 학원가와 학교별 학업 성취

출처: 아실

그렇다고 해서 일산동구가 마냥 뒤처지는 것은 아닙니다. 1기 신도시 초창기만 하더라도 분당과 일산 중 어디에 살까 고민하는 사람들이 있었을 만큼 일산이 좋은 평가를 받을 때, 그 중심에는 마두동이 있었습니다. 시간이 지나면서 퇴색하기는 했지만, 그 저력이 아직은 남아 있다고 생각합니다.

일산동구는 일산서구와 정발산을 기준으로 대칭을 이룬 듯 비슷하게 형성되어 있습니다. 아래에 3호선을 두고 위에는 큰 학원가를 중심으로 바둑판처럼 단지가 구성된 모습이 말이지요. 하지만 앞으로 서구와 동구는 확장성 면에서 다른 움직임을 보일 것입니다. 서구는 남쪽으로 확장해 가는, 즉 킨텍스가 발전을 주도해 가는 모습이라면, 동구는 그야말로 부동산 시장의 큰 흐름이 되는 재건축 이슈와 함께 다시금 재기를 노리는 구역이 될 것입니다.

가성비, 안정성
두 마리 토끼를 모두 잡다

'가성비 좋게 투자한다'는 것은 가치 투자보다는 수익률에 더 비중을 둔다는 뜻입니다. 원래 재건축 투자는 연식이 오래된 아파트에 투자하는 것이기 때문에 전세가는 낮고 매매가는 미래가치가 반영되어 높은 편입니다. 가성비 좋은 투자의 조건은 아닙니다. 그래서 재건축, 재개발은 소액 투자로 도전하기 어려웠습니다. 하지만 1기 신도시의 등장으로 인해 가능해졌습니다. 그것마저도 어렵다면 또 다른 방법이 있습니다. 약간 방법을 달리해야 하지만 말입니다. 바로 재건축 단지 가격이 상승할 때, 흐름을 같이할 수 있는 주변 준신축 단지를 찾아 투자하는 방법입니다. 당장 재건축이 진행되진 않아 직접적인 흐름을 탈 순 없지만, 가성비 좋게 투자할 수 있습니다.

불론 1기 신도시는 이세 전체적인 개발의 일환으로 택지지구별 전체적인 재건축이 진행될 것입니다. 그 순서가 늦어지는 단지는 상대적으로 매매 가격이 저렴할 수 있으니 이것을 노려봐도 좋습니다. 이것마저 어렵다면 신도시에 속하지는 않지만 인근에서 흐름을 같이 할 만한 단지가 대상이 될 수 있습니다. 그러니 신도시 핵심 단지부터 임장을 가보고 주변으로 확장해 나가면 됩니다.

　〈1장. 안전하고 가성비 좋은 아파트를 가질 기회, 바로 재건축에 있다!〉에서 현재 부동산 시장의 트렌드는 재건축이라고 말씀드렸습니다. 하지만 지금은 추가 하락 가능성이 있는 하락장 시기입니다. 때문에 내 집 마련이든 투자든 선뜻 시작하기 쉽지 않다고 하시는 분들이 많습니다. 하지만 생각보다 빠른 2월에 금리 동결이 발표되었습니다. 하락 구간이 생각보다 길지 않고, 빠르게 지나갈 수도 있습니다. 물론 당장 거래하라는 것은 아닙니다. 작년부터 추이를 지켜보며 관망했다면 이제는 움직여야 할 때, 워런 버핏의 말마따나 '게으르지만 현명한 투자자'가 되어야 합니다.

　실제로 2023년 1~2월이 되자 부동산 시장에 변화의 물결이 퍼지고 있습니다. 제가 2022년에 가장 많이 한 말 중 하나는 '거래량이 너무 없어서 리스크가 크다. 그러니 시장이 정상화되는 것을 확인하고 가자'는 것이었습니다. 시장의 정상화는 전세 거래량이 살아나는 것으로 확인될 것이라고도 했습니다.

　이 책을 쓰고 있는 2023년 2월, 서울과 수도권의 주요 단지의 전세 거래량이 살아나고 있습니다. 전세 급매는 이미 다 소진되었습니다. 그간 공급물량의 여파로 쌓여 있던 매물들이 빠르게 소진되는 모습입니다. 또한 전세 가격은 바닥을 찍고 이제 상승하는 모양새를 취하고 있습니다. 매매 가격은 어떤가요? 서울과 수도권 지역의 부동산은 2021년 하반기에 고점을 찍고 빠르게 하락한 뒤, 최근에는 보합의 모습을 보이고 있습니다. 일산서구도 같은 모습입니다. 최근 부동산 가격 하락폭이 워낙 빠르고 컸었기 때문에 많이 하락한 단지는 20~30퍼센트 정도 빠졌습니다. 가격 수준이 2020년 때로 돌아간 수준입니다.

자, 이렇게 전세와 매매를 확인했습니다. 여기부터가 정말 중요합니다. 앞으로 인플레이션이 급격히 나빠지지 않는 한 금리인상 이슈는 점차 잦아들 것입니다. 6~8퍼센트까지 치솟던 시중금리가 현재 4퍼센트 대에 안착하고 사람들은 빠르게 안정을 찾아가고 있습니다. 여러분은 다시금 선택의 갈림길에 와 있습니다. 시장이 변화하는 지금, 여러분이 어떤 선택을 하느냐에 따라 자산에 나비효과가 나타날 것입니다. 아직 금리인상 이슈가 깔끔하게 해결되지 않았는데 불안하다는 이유만으로 눈 가리고 귀 막으면 안 됩니다. 우리는 이미 지난 5년간 선택에 따라 자산 격차가 얼마나 벌어지는지 경험했으니까요.

다만 지난 1년 반 동안 무섭고 빠른 하락을 경험했기에 더 안정적인 투자 전략을 짜셔야 합니다. 실수요가 뒷받침되는 지역과 단지 안에서만 움직여야 합니다. 그런 곳을 찾으려면 앞서 구역별로 나눠본 곳의 수요층 특징을 확인하면 됩니다.

현재 「노후계획도시 특별법」 발표로 인해 1기 신도시로 관심이 쏠리고 있습니다. 분당을 시작으로 평촌, 일산, 산본, 부천으로 온기가 퍼져나갈 것입니다. 그러니 지역마다 움직임이 있는 단지를 확인해 보고 해당 구역의 수요 특징을 파악하셔야 합니다. 그러기 위해서는 임장 계획을 짜고 주기적으로 현장을 확인해야 합니다. 전에는 한 달 간격으로 확인했다면 이제는 일주일 단위로 더 자주 확인해 매물 현황을 살펴보고, 관심 있고 매수를 원하는 단지의 거래 모습을 확인해야 합니다. 인터넷으로 검색하는 것은 의외로 현장보다 훨씬 느리고 정확하지 않습니다. 현재 상황이 반영되기까지 시간이 걸리고, 초기 반응이 적을 경우 놓치기 쉽습니다.

지금도 부동산 시장에 관심을 가지는 사람들은 상당히 똑똑하고 빠릅니다. 2015년부터 경험한 것이 있기 때문입니다. 시장이 변화하면 소유자들도 금방 알아채기 때문에 물건이 빠르게 사라질 수 있습니다. 그리고 정말 매력적인 물건은 1~2건에 그칠 때가 많습니다. 그러니 지난 2022년처럼 느긋하게 바라보기만 해서는 안 됩니다.

그렇게 되지 않기 위해 시간이 될 때 바로 나가 봅시다. 거래가 살아나는 분위기가 뚜렷하지 않더라도 미리 조사와 고민을 끝내놓아야 합니다. 궁금증이 전부 해결될 때까지 열 번이고 스무 번이고 임장을 가서 확인해둬야 합니다. 그래야 혹시 모를 추가 하락에도 내 선택에 대한 믿음으로 그 시기를 이겨낼 수 있습니다. 무엇보다 자산을 지킬 자금 운용에 대한 준비는 필수입니다. 이렇게만 한다면 기회를 놓치지 않을 수 있습니다. 지난 상승장을 놓쳐 아쉬웠다면 기회는 지금입니다. 가장 좋은 부동산 투자법은 쌀 때 사서 비싸게 파는 것이고, 지금은 싸게 살 수 있는 몇 안 되는 시기입니다.

희아 님의 현장 임장 보고서 일부

*임장 보고서 전체 내용은 부록(2권)에 수록될 예정입니다.

임장 후 생각 톡톡

그동안 일산이 다른 1기 신도시 대비 저평가되었던 원인은 크게 두 가지이다. 하나는 주요 업무지구(강남)에 대한 교통 편의성이 취약하다는 점, 두 번째로는 자체적인 일자리 부족으로 인한 베드타운화로 신규 인구 유입이 약하다는 점이다.

하지만 일산의 부동산 가격의 발목을 잡던 큰 단점이 교통망 확충과 일자리 호재로 해결될 기미가 보인다. 짧게는 2023년 1월 대곡-소사선이 개통함으로써 김포공항역을 통해 서울 주요 지역으로 이동이 편리해진다. 장기적으로는 GTX-A 노선이 개통함으로써 서울역, 강남까지의 접근성이 크게 개선될 예정이다.

이 점만으로도 일산의 투자 매력도가 상승하지만, 일산은 전통적으로 오마초등학교, 오마중학교를 중심으로 하는 학군과 경기도 2위 규모의 학원가가 갖추어져 있어 꾸준히 선호되는 도시이다. 주요 단지를 가로지르는 공원과 풍부한 인프라도 일산의 장점이다.

1기 신도시 중 상대적으로 높은 대지 지분과 낮은 용적률도 윤석열 정부가 추진하는 재건축, 리모델링 정책의 효과를 누릴 수 있는 지역이기도 하다.

비록 부동산 시장의 냉랭한 분위기 속에 투자가 망설여지겠지만, 일산은 장기적으로 잠재적인 투자 가치가 있는 지역이라도 판단된다. 옥석 가리기를 통해 재건축, 리모델링 속도가 빠른 단지, 재건축 사업성이 좋은 단지, 실거주 수요가 탄탄한 단지 위주로 갭 투자 방식 등 자신이 투자 전략에 맞는 단지선정을 통해 진입 타이밍을 보고 투자하기를 추천한다.

▼ 2023년 2월 조사 내용 추가

부동산 시장 상황이 나빠지면서 투자자 입장에서 투자 물건 옥석 가리기의 필요성이 더욱 요구되고 있다. 지금과 같은 상황에서 잃지 않는 투자를 위해서는 상급지, 실거주 수요가 탄탄한 단지, 정부 정책에 따른 시장의 반응과 흐름 모두 고려해야 할 것이다.

일산의 경우, 학군과 학원가 형성이 잘 되어 있어서 이를 원하는 실수요자들의 니즈가 많은 편이다. 이에 투자 물건을 선정함에 있어 학군지인지, 전세 거래량은 언제 얼마나 많은 편인지, 매매 가격이 먼저 움직이는지 확인 해 볼 필요가 있다.

또한 지난해 10월과 올해 1월 매가를 비교했을 때, 시장의 흐름에 따라 가격이 더 낮아질 수 있다는 가능성도 염두에 두어야 한다. 정부의 정책, 거시경제 지표, 부동산 전체적인 시장 흐름에 따라 현장 분위기가 크게 바뀔 수도 있으니 흐름을 읽는 안목도 키워 투자해야 한다.

재건축 호재 단지

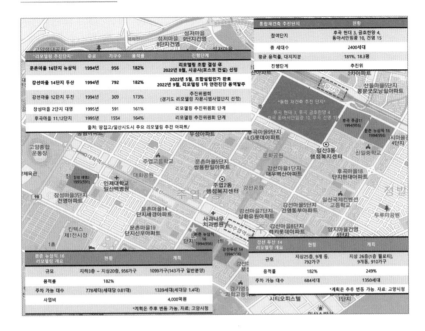

① 통합재건축 추진 단지

▶ 일산서구

- 대표 단지: 후곡마을 현대 3단지, 금호한양 4단지, 동아서안임광 10단지, 건영아파트 15단지.

- 대지 지분&용적률: 총 세대수 2,400세대, 평균 용적률 181%, 평균 대지 지분 18.3평.

- 진행 상황: 추진위원회 설립.

▶ 일산동구

- 대표단지: 강촌마을 1~ 2단지, 백마 1~2단지.

- 총 2,906가구, 전용면적 84~174㎡ 중대형 평형으로 구성됨.

- 진행 상황: 2022년 9월 30일 예비안전진단 신청 완료, 평균 용적률 186 퍼센트.

- 재건축 추진 시 약 4,500여 가구, 정밀안전진단 시점은 마스터플랜에 달려 있음.

▶ **그 외:** 백송마을 3, 5단지, 백송마을 6~9단지, 강촌마을 3, 5, 7, 8단지.

② 리모델링 추진 단지

▶ **문촌마을 16단지**

- 진행 상황: 리모델링 조합 결성 후 2022년 8월, 시공사 선정.

▶ **강선마을 14단지 두산**

- 진행 상황: 2022년 9월, 리모델링 1차 안전진단 용역 발주.

- 지상 25층, 9개 동, 792가구→수평 증축 리모델링 사업 지상 26층(1층 필로티), 9개 동, 910가구.

▶ **강선마을 12단지(두진아파트)**

- 진행 상황: 추진위원회(경기도 리모델링 자문시범사업단지 선정).

▶ **문촌마을 16단지(뉴삼익 아파트)**

- 진행 상황: 추진위원회(조합 구성을 위한 동의율 67퍼센트)

▶ **그 외:** 장성마을 2단지, 강선마을 14단지

▶ **덕양구:** 별빛마을 8단지, 샘터 1단지, 은빛 11단지, 옥빛 16단지

③ 주요 학군지 배정 단지

▶ 오마초등학교 배정 단지(초등학교 단지별 확정 배정): 문촌마을 1~3단지, 후곡마을 7~9단지

▶ 오마중학교 배정 확률이 높은 단지(근거리+거주 기간 추첨 방식): 문촌마을 1~3단지, 후곡마을 7~9단지

④ GTX-A 호재 영향권 단지

▶ GTX 킨텍스역 도보 생활권(반경 800m 이내)이 가능한 단지: 문촌마을 14~19단지, 킨텍스역 주변 단지

임장 후 현장 파악 내용 정리

임장 시기: 2022년 10월 5일(토)

▶ 임장 목적: 현장 분위기 파악

▶ 임장 포인트

① 이슈 단지 확인: 리모델링, 통합재건축 단지, 오마초등학교·오마중학교 학군단지.

② 현장 분위기 파악: 전세 동향, 급매 출현 여부, 교통 호재에 따른 기대 심리 등.

③ 마을별 선호도 파악 및 가격 리딩 단지 파악.

▶ 임장 질문 리스트(부동산 방문 내용 정리)

Q1. 16단지 내 리모델링 기대심리는 어떠한가? 최근 신고가 거래에 관련해 분위기 파악해 보자.

A1. 현재 시공사(포스코) 선정 단계로 아직 안전진단, 추가분담금 확정 전이다. 강선마을 14단지가 안전진단 신청은 먼저 했다. 단지 내에 리모델링 반대 현수막이 붙어 있다. 리모델링에 반대하는 이유는 고금리, 추가 분담금 때문이다. 최근 신고가(26평형, 8억 1,000만 원) 거래는 공원 뷰, 올 리모델링 상태의 로얄층 로얄동 매물로 실거주자가 매수한 케이스다.

Q2. 2021년 9월 이후, 2022년 5월 이후, 그리고 9월 이후 현장 분위기는 어떠한가?

A2. 2021년 9월 이후, 수도권 대부분 하락장 시작. 일산은 상대적으로 하락 폭이 크지 않았다고 생각한다. 수도권 타지역은 2021년 9월(10월)이후 꾸준히 하락 중인데, 일산은 2022년 3~5월(대선전) 재건축 기대감으로 단기적으로 거래량이 늘었다(투자자 진입). 하지만 5월 이후로는 전월세만 거래되며 매매 거래량은 미미하다.

Q3. 전세 거래 분위기는 어떤가?

A3. 2022년 7월에 임장했을 때보다 전세 거래가 조금은 더 살아난 분위기이다. 고금리로 인해 반전세로 갈아타는 수요가 여전히 많다. 예를 들어 월세 수익률이 연 4퍼센트 정도인데 현재 전세 자금 대출 금리가 이보다

높아 반전세가 임차인 입장에서는 오히려 이득이다. 보통 학군지 주변 단지의 경우 겨울방학, 즉 12월쯤 이사를 많이 오기 때문에 7월보다 전세 거래가 조금 더 증가한 것 같다.

Q4. 후곡마을 통합재건축 분위기(후곡마을 3, 4, 10, 15단지)는 어떠한가?

A4. 임장 전 호갱노노로 시세를 확인했을 때, 다른 단지에 비해 통합재건축 이슈가 있는 단지들은 매매 가격 하락 폭이 적었다. 그 이유는 다음과 같다.

- 후곡마을 통합재건축은 추진위 출범 준비단계로 초기이지만, 소유주들의 재건축 의지가 강하다. 평상시에도 일산역에 가까워 교통 편의성 때문에 급매가 잘 나오지 않는 편이다.

- 통합재건축 해당단지 소유주들은 일부 경우를 제외하고, 가격을 할인해서 매도하고자 하는 의지가 별로 없다. 재건축 이슈로 장기 보유하면 이득일 것이라는 생각이 다수이다.

- 반대로 매수자들은 부동산 하락장 분위기 속에서 가격이 더 떨어질 것으로 기대해 매수자와 매도자 사이의 희망 가격이 합의에 이르지 못하고 있다.

Q5. 서해선 개통(2023년 1월)과 관련된 기대심리는 어떤가?

A5. 호재는 보통 발표 시 가격에 가장 크게 반영되고, 개통 시에는 반영 정도가 미미하다. 하지만 서해선 개통 호재가 가격 상승을 이끌지는 못해도,

가격 방어의 역할은 할 수 있을 것으로 기대한다.

Q6. 일산서구에서 가격 모니터링을 하면 좋은 단지는 어디인가?

A6.

- 일산역 근처 후곡마을 통합재건축 단지: 35평형 10단지 동아서안임광, 23평형 15단지 건영
- 오마초등학교·중학교 학군단지: 35평형 문촌마을 3단지 우성, 27평형 후곡마을 9단지 LG롯데
- 주엽역 아래쪽: 문촌마을 16단지, 강선마을 14단지
- 주엽역 위쪽: 강선마을 17단지

Q7. 급매, 초급매 분위기는 어떤가?

A7. 분당 및 다른 1기 신도시와 마찬가지로 세금 이슈(일시적 1가구 2주택 비과세, 2023년 5월 9일까지 양도세 일시적 중과 완화 정책)로 인한 급매 출현하고 있다.

- 단지별 1~2개 정도의 초급매 물건이 있다.
- 부동산 소장님들이 평가하는 괜찮은 초급매 가격은 30평대 매매 가격이 20평대 매매 가격과 비슷한 경우를 싸다고 표현한다.
- 전세 최고가 물건은 새시 포함, 올 수리 물건이다. (30평대 올 수리 비용(새시 포함, 세입자용) 3,000~4,000만 원)

- 2022년 12월까지 급매 물건이 많이 거래되었고, 1.3 대책 이후 세금 이슈나 처분 조건으로 인한 급매 물건들이 들어가면서 매물이 별로 없게 되었다.

- 전세가율이 높아 작년에 투자자들이 많이 진입했던 단지의 경우, 현재 역전세를 감당하지 못한 투자자의 전세건 매물이 초급매 가격으로 몇 개 있다.

- 재건축의 사업성을 고려했을 때 대형 평형대가 투자금 대비 대지 지분이 높아 가성비가 좋은 편이다.

● 후곡마을 9단지 롯데 27평형 가격 비교 ●

27평형	급매가	매매가	전세가
2022년 10월	59,000~60,000	62,000~68,000	35,000~43,000
2023년 02월	47,000~50,000	55,000~64,000	26,000~35,000

Q8. 오마초등학교, 오마중학교 학군단지 분위기는 어떤가?

A8.

- 6개 단지(후곡 7~9 단지, 문촌 1~3단지)

  대형평수(방 4개, 38평 이상): 3개 단지, 소형 평수 3개 단지.

- 6개 단지 중 선호도가 가장 높고 전세 거래가 가장 활발한 단지는 후곡마을 9단지 LG롯데평형 구성(20, 27, 31평형).

- 오마중학교(30년 이상의 전통 강자)VS신일중학교(신흥 강자)

  최근 신일중학교 선호도가 오르면서 주변단지 선호도도 올랐지만, 3개년 학업성취도는 조금 떨어졌다. 자녀를 오마중학교에 보내려는 학부모는 지방에서 이사 오는 경우도 있다. 오마중학교는 100퍼센트 근거리 배정이 아니라 '근거리단지＋3년 근거리 전입 기록＋추첨제'이므로 오마중학교애 배정받고 싶으면 저학년 때 이사 오는 것이 확률적으로 안전하다.

▼ 2023년 2월 조사 내용 추가

- 후곡마을 롯데 9단지의 경우, 전세 거래는 작년 하반기부터 꾸준히 되고 있다. 다만 학군지 단지여서 개학 전(3월)까지 전세를 맞추려는 임대인이 2022년 12월까지 가격을 버티다가 1월부터 전세가를 10퍼센트 낮춰서 거래되고 있다.

- 후곡마을 9단지는 오마초등학교·중학교 학군지를 선호하는 수요로 인해 신일초등학교에 배정받는 동일 평형 14단지보다 전세 가격이 5,000만 원 정도 높다.

2차 임장(2023년 2월) 후 현장 분위기

Q1. 1.3 대책 전후 분위기 차이가 있는가?

A1. 1.3 대책 후(조정 지역 해제) 분양권 처분조건, 세금 문제로 급매 나왔던 물건들이 거둬졌다. 현재는 매도자와 매수자 사이의 적정가격에 대한 갭 차이로 인해 거래가 잘 일어나지 않고 있다.

Q2. 「노후계획도시 정비 및 지원에 관한 특별법」(2023년 2월 7일 발표) 이후 분위기 차이가 있는가?

A2. 일산서구, 일산동구 각각의 통합재건축 단지들도 노후계획도시 특별법에 대한 기대감이 크지 않다. 오히려 1기 신도시 재건축에 대한 기대감은 2022년 3~5월 사이가 더 높았다. 노후계획도시 특별법 이후 투자자 문의는 통합재건축 단지에만 있다.

Q3. 일산 부동산 시장의 전반적인 분위기는 어떤가?

A3. 매도자는 급매 가격에 던질 의향이 별로 없고, 급매는 지난 22년 12월에 많이 거래되었다. 현재 매도자는 초급매 가격에 던질 생각이 별로 없고, 실수요 매수자는 부동산 하락장이 지속될 거 같다는 분위기에 매수에 관심을 보이지 않는다.

부동산중개소 공통의견

하락장 분위기이지만 실거주자라면 초급매 매수는 괜찮다.

지금은 외곽단지를 고려할 때가 아니라 중앙공원에서 가깝고 역 주변 핵심 입지 단지만 볼 때이다. 그러한 단지 중에서도 급매로 매력적인 가격을 찾을 수 있다.

▶ 투자 전략: 리모델링 단지 투자 후 재건축 단지로 갈아타기

4장

전통 학군지 강자,
평촌

1기 신도시 중
가장 매력적인 가격을 가진 도시

'안양 동안, 수원 영통 뚝뚝… 수도권 아파트값 하락폭 3년來 최대'
— 2022년 8월 8일 국민일보

평촌은 현재 1기 신도시에서 가장 매력적인 가격을 갖추고 있는 도시입니다. 최근 가장 많은 가격 조정이 있었기 때문입니다. 2021년 9월, 대부분의 지역이 전고점을 찍은 시기에 평촌 또한 흐름을 같이 했습니다. 그러나 전고점을 찍은 이후에는 각 도시마다 상황이 약간씩 다르게 흘러갔습니다. 평촌은 그중에서도 가격이 가장 많이 하락한 도시입니다. 왜일까요? 세계적인 인플레이션의 압박으로 긴축 정책이 시작되어 금리 인상이 빠르게 단행되던 시기를 거쳤다고 하더라도, 평촌의 결과는 조금 과한 면이 있습니다. 평촌은 재건축·재개발의 주요 도시로 꼽히는 1기 신도시 중 하나이고, 지정학적 위치상 준서울급 대우를 받는 지역이기도 한데 말이지요. 도대체 얼마나 하락했길래 이렇게까지 이야기하는지 궁금하시죠? 이제부터 자세히 알아보겠습니다.

부동산 시장은 2021년 9~10월을 기점으로 가파른 상승세에서 가파른 하락세로 반전되었습니다. 전고점을 찍은 시기 이후 1기 신도시들은 어떤 모습이었는지 지역별 평균 평단가를 통해 알아봅시다. 참고로 비교 시점은 2021년 9월과 2023년 2월입니다.

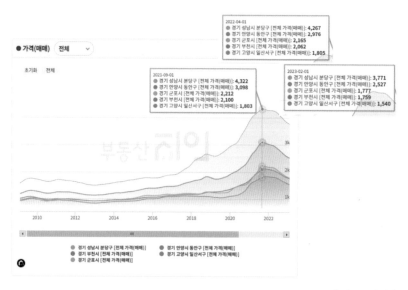

출처: 부동산 지인

1기 신노시의 내장, 분당은 평단가 4,322만 원에서 3,771만 원으로 551만 원이 하락했고, 산본 신도시가 속한 군포시는 평단가 2,212만 원에서 1,777만 원으로 453만 원이 하락했습니다. 중동 신도시가 속한 부천시는 평단가 2,100만 원에서 1,759만 원으로 560만 원이 하락했고, 일산 신도시를 대표하는 일산서구는 평단가 1,803만 원에서 1,540만 원으로 평단가 263만 원이 하락했습니다. 가격이 가장 많이 하락했다는 평촌은 어떨까요? 평촌 신도시를 품고 있는 안양 동안구의 평단가는 3,098만 원에서 2,527만 원으로 571만 원이 떨어졌습니다.

하락한 순으로 정리해 보자면, 평촌(안양 동안구)이 571만 원, 부천(중동 신도시)이 560만 원, 분당이 551만 원, 군포(산본 신도시)가 453만 원, 일산서구(일산 신도시)가 263만 원입니다. 이렇게 나열하고 보니 별로 차이가 심하지 않다고 생각하실 수 있습니다. 평촌과 부천, 분당의 평단가상 10만 원 정도의 차이만 보이기 때문입니다. 그러나 그래프를 조금 더 자세히 들여다보면 2022년 4월, 하락세 초반에 다른 지역보다 하락의 시작점이나 속도가 빨랐음을 알 수 있습니다. 입지 차이가 명확함에도 그러했다는 점이 놀라운 지점입니다.

가격 하락, 악재일까? 호재일까?

그런데 여기서 잠깐, 부동산 시장이 어려워져서 가격 하락폭이 가장 컸다는 것, 그리고 하락에 반응도 가장 빨랐다는 것은 다른 지역보다 안 좋은 지역이라는 증거가 아닌지 의문이 들 수 있습니다. 당연히 의심하셔야 합니다. 물론 분명한 이유 없이 전반적으로 경제 환경이 어려워졌다는 것만으로 이런 하락세를 보인다면 더 이상 그 지역에 관심 가질 필요가 없습니다.

그러나 평촌은 아닙니다. 가격이 떨어졌기 때문에 더 관심 있게 봐야 하는 매력적인 도시입니다. 평촌에는 분명한 이유가 있었기 때문입니다. 또한 그 이유는 곧 사라질 악재입니다. 때때로 큰 악재가 사라지는 것이 호재로 작용하기도 합니다. 그 악재는 무엇일까요? 바로 공급물량입니다. 공급물량 앞에는 장사 없다는 말, 들어보셨죠?

물론 공급물량이 쏟아지는 시기인 입주장에도 그 규모에 따라, 전반적인 부동산 시장이 좋냐 나쁘냐에 따라 결과가 조금 다르기는 합니다. 때문에 더욱 비교하기 좋은 예시가 하나 있습니다. 입주장이 조금 많이 지난 사례이긴 하지만, '2018년 12월에 입주한 송파 헬리오시티'를 예로 들어 알아보겠습니다.

송파 헬리오시티는 입주 전부터 규모가 미니 신도시급으로 커서 뉴스에서도 여러 번 다룬 제법 유명한 단지입니다. 규모가 어느 정도냐면 9,510세대입니다. 보통 미니 신도시가 인구수 1만 명을 계획해서 조성되는데 한 아파트에 9,500세대 이상이 입주한다니, 이 정도면 미니 신도시라고 불러도 손색 없을 만한 규모입니다. 그러니 당연히 헬리오시티가 속한 송파구의 매매 시장과 전세 시장은 흔들릴 수밖에 없었습니다. 무 사르듯 딱 잘라 말하긴 어렵지만, 입주 6개월 전부터 입주 후 6개월까지 인근 단지들의 매매가와 전세가가 휘청휘청했습니다. 이때 는 서울이 가장 큰 상승세를 보이던 시기로, 좋은 입지의 고가 아파트는 일주일에 1억 원씩 상승했으니 극명한 분위기 차이를 볼 수 있습니다.

●서울시 시세 추이●

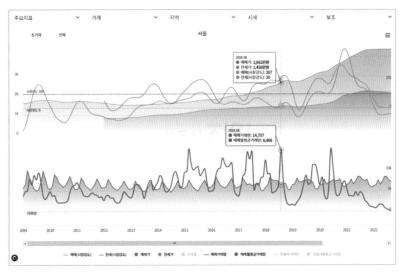

출처: 부동산 지인

'서울시 시세 추이'를 보면 거래량도 2배 이상이고, 가격 상승도 큰 시기였음을 알 수 있습니다. 하지만 '서울시 송파구 시세 추이'를 보면 송파는 서울에 속했음에도 불구하고 헬리오시티 입주로 흐름이 휘청 이는 것을 볼 수 있습니다. 서울시의 매매 가격 흐름이 안정적으로 상승하는 것과는 달리 송파는 중간에 작은 굴곡이 보입니다. 그래프는 평균가로 그려지는 것일 뿐더러 긴 시간을 두고 추이를 보는 것이므로 드라마틱한 굴곡을 보기는 어려우나, 단지 1개가 평균가를 흔들 정도라는 것은 영향력이 정말 크다는 것을 뜻합니다.

● 서울시 송파구 시세 추이 ●

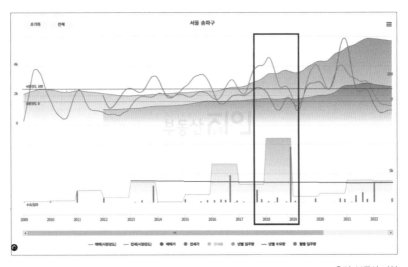

출처: 부동산 지인

공급물량 앞에 장사 없다, 즉 평촌은 공급물량이라는 분명한 이유 때문에 가격 하락폭이 컸던 것입니다. 다음 페이지의 만인구, 동안구 공급물량을 보면 안양시 부동산 가격에 큰 영향을 준 공급물량은 2021년 하반기부터 2022년까지 공급된 것으로, 무려 7,448세대입니다. 더욱이 2021년 연말부터 연초까지 공급된 세대 수가 그 당시 7,309세대

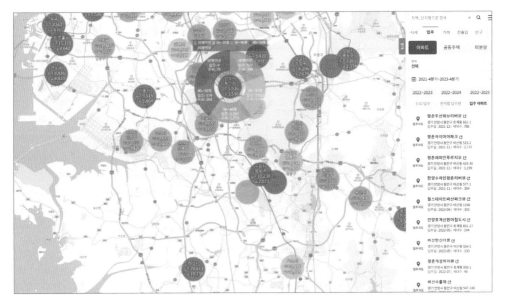

| 안양시 만안구 공급물량

출처: 부동산 지인

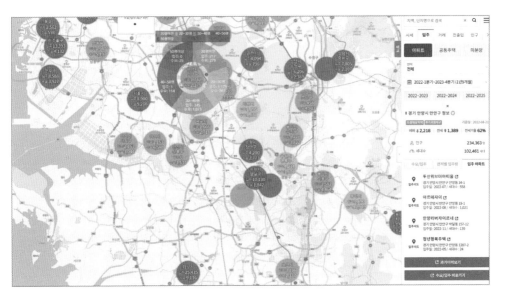

| 안양시 동안구 공급물량

출처: 부동산 지인

로 공급이 몰려있다는 것을 알 수 있습니다.

매년 멸실하는 세대수와 인구수를 토대로 도출된 적정 공급량이 3,000세대인데 그것도 비슷한 시기에 2배 이상이 물량이 집중 공급되었던 것이죠. 이렇게 알고 보니 가격 조정이 그 정도에서 그친 것이 대단하다는 생각이 들기도 합니다. 쏟아지는 공급 폭탄 속에서도 이렇게나 방어했다는 뜻이니까요.

굳건한 바위 입지
VS 흔들리는 갈대 입지

이러한 이유로 평촌은 가격이 떨어짐으로써 오히려 매력이 더해지고 가격 방어 능력까지 확인되었습니다. 사실 평촌을 조금 더 자세히 살펴보면 가격 방어가 탄탄한 A급 단지는 그리 많이 흔들리지도 않은 것을 알 수 있습니다. 또한 급매는 더더욱 가뭄에 콩 나듯 하고요.

이번 부동산 시장의 전체적인 하락과 쏟아지는 물량의 영향으로 기대하지 않았던 단지에서 급매 매물이 1~2개 나오기도 했습니다. 물론 정말 매력적인 가격으로 나온 급매는 대기자가 냉큼 계약한 것을 현장에서도 확인할 수 있었습니다. 그만큼 수요가 탄탄하다는 것이지요.

'가격 방어가 잘 된다', '수요가 탄탄하다'는 표현을 이번에 처음 들어보신 분들은 이것의 의미가 그다지 다가오지 않을 수도 있습니다.

이해하기 쉽도록 하나의 단지를 예로 들어보겠습니다. 평촌 신두시 남쪽 지역 중 학군과 학원가의 대표 단지로 꼽히는 귀인마을 현대홈타운입니다. 이 단지에서 인기 있지만 세대 수가 적어 희소성이 있는 24평형의 가격 추이를 확인해 보겠습니다.

| 평촌 귀인마을 현대홈타운 24평 시세 추이

출처: 호갱노노

입주 물량이 쏟아지는 시기에도 가격이 1,000만 원 정도 하락했다가 10개월 만에 회복하는 모습을 보입니다. 정말 어려운 시기에도 매물이 쏟아지지 않았고, 가격 방어도 잘 되어서 가격이 많이 흔들리지 않는 모습입니다. 사실 계절적인 비수기만 와도 절대가격의 10퍼센트 정도는 흔들리기 마련인데 그것을 생각하면 더욱 특별하다는 생각이 듭니다.

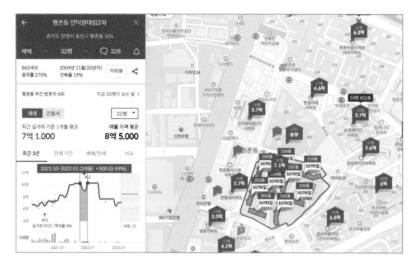

| 평촌 인덕원대림2차 32평 시세 추이

더 이해하기 쉽도록 같은 평촌동이지만 입지가 다른 단지 하나를 보여드리겠습니다. 인덕원역과 가깝고 인덕원역 호재에 가격 상승이 컸던 인덕원대림 2차입니다. 이 단지는 공급물량이 몰린 2021년 10월과 12월 사이만 보더라도 약 1.2억 정도 하락했다는 것을 알 수 있습니다. 그렇다고 해서 인덕원대림2차가 마냥 안 좋다는 이야기는 아닙니다. 오해하지 마세요. 엄연히 입지, 수요층의 특성, 영향을 받는 요소 모든 것이 다르기 때문임을 아셔야 합니다. 다른 지역에서 이사 올 정도로 좋은 학군을 가지고 있고, 중심 학원가를 도보 5분 내로 이용할 수 있는 핵심 입지의 단지와는 차이가 있을 수밖에 없습니다. 인덕원대림 2차의 경우, 귀인마을 현대홈타운과 가격대를 맞추고 공급물량에 영향

을 높이 받은 평형대를 보여드리다 보니 33평형으로 비교하게 되어 그 차이가 더 크게 보이는 것입니다. 이 단지는 인덕원역 호재에 더 큰 영향을 받는 단지이고, 호재로 가격이 상승한 경우 부동산 시장 분위기에 민감할 수밖에 없어서 더욱 차이가 두드러지는 모습을 보인 것입니다.

그리고 인덕원대림 2차 또한 공급물량의 여파로 가격이 떨어지긴 했지만, 기존의 저력 덕에 3개월 만에 가격이 회복된 것을 알 수 있습니다. 보통 공급물량의 여파로 가격이 하락하면 회복에 6개월 정도 걸리는 것이 보통이고, 지방의 경우에는 1년 이상 걸리기도 합니다. 이는 이 단지와 평촌이라는 지역 자체가 좋은 입지를 가지고 있음을 뜻합니다.

그렇지만 이후 부동산 시장의 분위기가 더욱 급격히 냉각되며 인덕원대림 2차는 다시 한번 흔들리게 됩니다. 인덕원역 호재로 인해 발생한 기대심리로 빠르게 오른 가격이 분위기 반전으로 빠르게 떨어진 것이지요. 그러나 이것을 나쁘게만 생각하지 않으셨으면 좋겠습니다. 이러한 변화를 보면서 급락한 단지 중 가치 있는 것은 어떻게 활용할 수 있을지 고민하는 것이 우리 자산에 도움이 되기 때문입니다. 이에 대한 이야기는 이 파트의 마지막에 다시 나누기로 합시다.

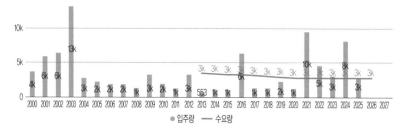

출처: 부동산 지인

그래도 다행히 2023년에는 공급물량이 소강상태로 접어듭니다. 그간 공급된 물량이 지역 내에서 얼마나 빠르게 안정되는지 확인하는 좋은 해가 될 것입니다. 그리고 2024년에는 다시금 많은 공급물량이 예정되어 있습니다. 핵심 입지 단지의 가격 방어력과 탄탄한 수요를 다시 한번 확인할 수 있습니다. 또 한 번 가격이 흔들릴지, 영향이 없을지 사뭇 기대가 됩니다. 상대적으로 약간 입지가 떨어지는 가벼운 수요가 있는 단지들은 가격이 하락해 더욱 매력적인 가격을 갖추게 될 것입니다. 물론 2023년, 2024년에 공급되는 단지들은 핵심 입지는 아닙니다. 핵심 입지는 당연히 재건축이나 리모델링을 준비하는 단지들만의 특권입니다.

평촌, 언제 진입하면 될까?

여기서 잠깐, 여러분들이 제일 궁금해할 내용을 먼저 살펴봅시다. 그렇다면 우리는 언제 평촌에 진입하면 좋을까요? 이전 상승장에는 워낙 시장 분위기가 좋았기 때문에 공급물량이 예정되어 있어도 미리 들어가서 자리를 잡고 있어도 가격이 올랐습니다. 그래서 공급물량이 남아있는 상태에서 진입해도 안전했습니다. 그럼 지금도 이전 상승장처럼 기지를 발휘해 입주 물량이 남아 있는 시기에도 먼저 움직여야 할까요? 아닙니다. 물론 어떤 단지, 어느 평형대에 들어가는지에 따라 다르긴 하지만 조금 여유 있습니다. 핵심 입지에 관심이 있다면 서둘러야 합니다. 금리인상 폭이 줄어들고 첫 동결 소식이 들린 지금, 가격이 저점을 찍고 회복될 가능성이 있습니다. 물론, 2024년 공급물량이 있을 때 다시 한번 가격이 흔들릴 수 있습니다. 그러나 100퍼센트는 아닙니다. 2024년이 되었을 때, 세계적인 인플레이션의 문제가 어느 정도 해소된 상태라면 가격이 흔들리지 않고 회복세를 따라갈 수도 있습니다.

이러한 분위기가 형성되기 전에 들어간다면 절대가격이 저렴한 상태에서 진입할 수 있습니다. 그러나 거시 경제 문제가 다 해결이 된 시기에 들어간다면 상대적으로 높은 가격에 들어갈 수밖에 없습니다.

앞에서 알아본 것처럼 아무리 공급물량이 많다고 해도 주요 핵심 단지는 크게 흔들리지 않기 때문에 환경이 좋아지면 가격이 다시 상승할 가능성이 큽니다. 그러니 낮은 절대가격에 진입하려면 환경이 좋아지기 전에 적극적으로 알아봐야 합니다. 상대적으로 입지가 떨어지는 단지에 관심이 있는 분들은 2024년까지 여유가 있으니 공급물량이 시작될 때 흔들리는 가격을 보고 〈1장. 안전하고 가성비 좋은 아파트를 가질 기회, 바로 재건축에 있다〉에서 말한 저점 시그널이 보일 때 투자하면 됩니다.

그리고 핵심 지역을 지금부터 적극적으로 확인하라고 하는 이유가 또 있습니다. 평촌은 노출된 저력이 있기 때문입니다. 이는 이미 많은 사람이 알고 있고, 이미 가치가 어느 정도 반영된 호재라는 의미입니다. 평촌은 입지적으로 상당히 유리한 위치에 자리 잡고 있습니다. 지하철 4호선을 이용하여 7정거장만 가면 사당역이고, 이를 통해 서초구로 빠르게 이동하거나 환승 없이 서울역까지 갈 수 있습니다. 강남, 강북으로 출퇴근이 가능하다는 이야기입니다.

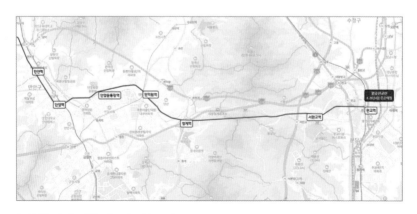

| 안양을 지나는 월곶판교선 교통 호재

출처: 아실

게다가 인덕원역에는 월곶판교선과 동탄인덕원선이 교통 호재로 예정되어 있어 추후 트리플 역세권을 형성하게 됩니다. 또한 복합환승센터 개발계획도 있으니 평촌은 이제 학군뿐만 아니라 교통의 편리성까지 더해 더 많은 관심을 받게 될 것입니다. 특히나 월곶판교선은 GTX만큼이나 강력한 호재로 평가받는 교통개발계획입니다. 월곶판교선개발이 완성된다면 판교로의 이동이 배는 빨라집니다. 이로 인해 판교테크노밸리에서 일하는 고소득자들의 배후 주거지역으로 더욱 주목받게 될 것입니다.

판교의 집값은 결코 만만치 않습니다. 아무리 고소득자라고 할지라도 당장 목돈을 마련하기는 어렵습니다. 사회 초년생이 아무리 높은연봉을 받더라도 상속이나 증여 없이 당장 판교, 분당의 집값을 스스로 마련하기는 어렵습니다. 그러니 우선 출퇴근이 가능한 인근 지역을고려할 수밖에 없습니다.

그런 이유에서 판교로 출퇴근하는 사람들에게 안양은 교통 편의성, 학군 및 학원가와 같은 인프라까지 모두 갖춘 매력적인 후보 지역입니다. 지금은 판교까지 자차로 약 20분, 버스로 40분이 소요됩니다. 월곶판교선이 개통된 후에는 지하철로 세 정거장만 가면 판교이니 아침잠5분이 아쉬운 직장인들이 관심을 가질 수밖에 없지요. 또한 월곶판교선은 광명의 호재를 안양으로 끌고 올 수 있습니다. 광명시흥테크노밸리 개발계획은 규모가 큰 편입니다. 물론 개발에는 오랜 시간이 걸리겠지만 계획대로 잘 진행되고 있고, 유통단지나 첨단산업단지가 정착

하는 때가 되면 또 하나의 수요 공급 지역이 될 것입니다. 그렇게 되면 안양의 수요층은 더 탄탄해질 것입니다.

자, 이렇게 매력을 더해가고 있는 안양에 깃발을 꽂고 싶으시죠? 그렇다면 제대로 준비해야 합니다. 이제 평촌의 좋은 지역을 알아보러 가 볼까요?

평촌은 남남북녀?

평촌의 남쪽 지역

평촌 신도시의 생활권은 수도권 지하철 4호선을 남쪽과 북쪽으로 나뉘어 있습니다. 이하 '평남'과 '평북'으로 표기하겠습니다. 평북 지역보다는 평남 지역의 면적이 더 넓고, 더 중심이 되는 지역입니다. 학군지로 유명한 곳도 평남 지역에 있습니다.

평남지역은 신기대로를 기준으로 또다시 상단과 하단으로 나뉩니다. 지하철이나 10차선에 가까운 도로가 놓여 있다면 자연스럽게 생활권이 분리되기 마련이죠. 그래서 지하철 4호선을 기준으로는 남쪽, 신

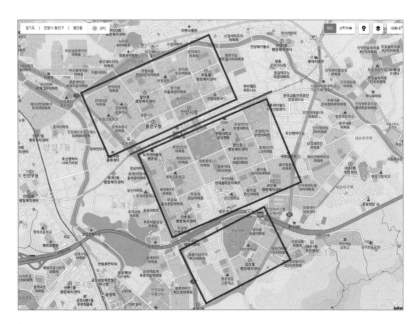

| 평촌신도시 생활권 구역도

출처: 카카오맵

기대로 상단 중간 구역이 평촌 신도시의 중심지라고 보시면 됩니다.

사실 잘 알려진 평촌 신도시의 특징은 이 구역의 특징입니다. 같은 평촌 신도시라고 해서 가치까지 같다고 생각하시면 안 됩니다. 평촌 안에서도 가치가 다양하고, 수요층의 흐름 역시 너무도 다르므로 구역 을 정교하게 나누고 특징을 찾는 것이 중요합니다. 그래서 여러분들이 이해하기 쉽도록 위 지도에 평남 지역을 구역별로 묶어두었습니다.

평촌 신도시의 가장 큰 특징은 학군입니다. 1기 신도시의 분당, 평

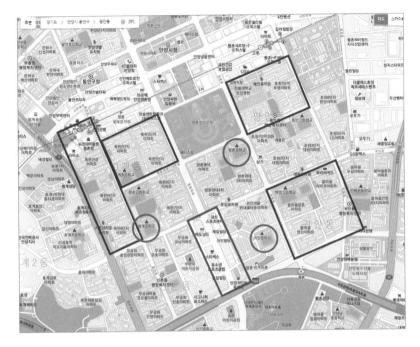

| 평남 지역 생활권 구역도

출처: 카카오맵

촌, 일산 모두 나름대로 유명한 학군과 학원가를 가지고 있습니다. 애초에 1기 신도시는 서울에 집중된 인구를 분산하기 위해 만들어진 위성도시이기 때문입니다. 서울로 출퇴근을 하는 사람들은 보통 소득이 높은 편이고, 자녀에 대한 교육열도 높은 편입니다. 그런데 거주 지역이 이러한 요구를 해소해 주지 못한다면 사람들은 그 지역에 오래 거주하지 않습니다. 그러니 고소득자들이 모여 있는 지역에 괜찮은 학교와 학원가가 많은 것입니다.

　평촌 신도시의 유명 학군은 귀인중학교, 범계중학교, 평촌중학교이며 학업성취도는 각각 96퍼센트, 93퍼센트, 92퍼센트로 높고 면학 분위기가 잘 형성되어 있습니다. 이 3개의 학교에 배정받는 단지의 실수요자들은 아이들이 학교를 졸업하기 전까지 웬만해서는 이사하지 않습니다. 만약 이사해야 하는 상황이 오더라도 전학을 가지 않아도 되는 곳, 즉 같은 단지 내에서 평형대만 넓혀가거나 같은 학교에 배정받을 수 있는 단지 중에서 골라 이사를 갑니다. 사실 학군의 가치는 다른 지역에서 학업을 위해 전학 오는 수요가 얼마나 많냐에 따라 결정됩니다. 영향력이 크다는 것은 지불해야 하는 대가가 크더라도 그것을 원하는 수요가 많다는 것입니다.

특히나 평촌은 최근 인덕원역 교통 호재(동탄인덕원선, 월곡판교선)로 크게 관심을 받으면서 부동산 가격이 크게 상승했습니다. 안양시 동안구와 경계를 맞대고 있는 의왕시 포일동과 내손동이 그 수혜를 입은 대표적인 지역입니다. 덕분에 이 지역도 전과 다르게 자녀 교육에 관심을 가지는 이들이 늘었습니다. 보다 적극적으로 평촌의 학군과 학원가를 이용하고 싶어 한다는 것이지요. 신혼부부 시절 인덕원역 근처에서 살다가 아이가 생기고 학교를 신경 쓸 때가 되면 평촌으로 이사를 오는 이들이 많아졌습니다. 그러나 부동산 분위기가 안 좋아지면서 호재에 대한 기대심리로 가격이 크게 올랐던 단지들은 하락도 심하게 겪고 있었습니다. 기대심리가 사라져 가격이 하락한 것도 있지만, 평촌의 핵심 단지만큼 탄탄한 수요층이 부족했던 것도 그 이유입니다.

평촌은 다른 지역에 비해 가격 방어력이 좋습니다. 학군을 이용하는 이들은 신축이 공급되어도 이사하지 않다는 특징이 있고, 설사 신축을 찾아 떠나더라도 금방 그 자리가 채워집니다.

평촌의 또 다른 가치는 학원가입니다. 앞의 '평남 지역 생활권 구역도'에 빨간 박스로 표시된 구역이 평촌 학원가(323개)입니다. 이 구역의 스타벅스에 가면 공부를 하거나 친구들과 이야기 나누는 학생들이 많다는 것을 알 수 있습니다. 상권 자체가 학생을 대상으로 하고 학생 인구가 여기에 밀집해 있기 때문입니다.

평촌은 단지의 입지를 따질 때 유명한 3개의 중학교에 배정 받을 수 있는 단지인지, 학원가를 도보로 이용할 수 있는 단지인지에 따라 가격과 선호도가 갈립니다. 중고등학생은 밤늦게까지 학원에 있는 경우가 많은데 학원가에서 먼 단지에 산다면 학원버스를 이용해 이동해야 합니다. 학원 차를 기다렸다 타야 하는데 그걸 탄다고 해서 바로 집에 갈 수 있는 것이 아니라 인근 단지를 뺑뺑 돌아 귀가하게 됩니다. 교육열이 높고 자녀에게 관심이 많은 학부모들은 그 시간을 아깝다고 생각합니다. 그러다 보니 위의 두 가지 요건을 충족하는 단지의 선호도가 높을 수밖에 없습니다.

평남 지역의 입지를 가르는 또 다른 요소는 지하철역과의 거리입니다. 지하철역 이용 시의 편의성을 따지는 것은 사실 교통 편의성의 패턴을 따르는 지역의 가치를 판별하는 기준입니다. 그러나 동시에 같은 지역 안에서 수요층의 특징을 나누는 요소이기도 합니다. 지역의 가치를 판단할 때 수학 공식처럼 딱 떨어지는 기준이 있으면 좋겠지만, 사람이 사는 곳이라 여러 요소가 복합적으로 작용하여 지역의 특징을 이루니 이렇게 하나씩 기준을 세워나가면 지역을 이해하는 데 도움이 될 것입니다. 평촌에서 역과 가까운 오른쪽 구역 단지들은 소형 평형은 서울로의 출퇴근을 중시하는 신혼부부나 1인 가구의 수요가 높습니다. 지하철역과 가까운 상단의 보라색 박스 구역 3개는 학군보다는 교통 편의성 더 중요시하는 편입니다.

범계역 기준 왼쪽 하단 단지들은 중대형 평형 이상 단지들로, 재건축되기만을 목 빠지게 기다리는 중입니다. 반면 오른편 보라색 박스 단지들은 중소형 평형 단지들로 리모델링에 보다 적극적입니다. 임장을 가 보면 알 수 있지만 평촌역보다는 범계역 상권이 더 활성화되어 있고 유동인구도 조금 더 많습니다. 때문에 평촌역 인근 소형 평형보다는 범계역 인근의 소형 평형의 평단가가 조금 더 높습니다.

신길대로 하단에 위치한 단지들이 1기 신도시에 모두 포함되어 있지는 않습니다. 위 지도에 표시된 보라색 박스가 1기 신도시에 포함되는 구역으로 중대형 평형으로 구성되어 있으며, 중심 구역 못지않게 거주민들의 만족도가 높은 편입니다. 다음 지도에 표시된 구역 중 상단 구역이 그나마 중심을 이루고 있기는 하나, 구역 자체가 작아 번잡하지 않고 규모가 있는 공원을 옆에 끼고 있어 상당히 쾌적한 편입니

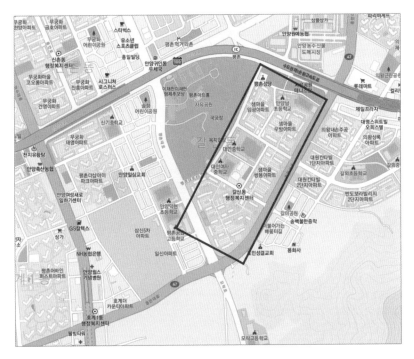

| 평남 지역 하단 생활권

출처: 카카오맵

다. 또한 이곳에 위치한 대안중학교나 대안여자중학교의 학업성취도 수준도 각각 92퍼센트, 92퍼센트로 평촌 유명 학군에 크게 뒤지지도 않습니다.

자, 이렇게 평남 지역에 대해 알아보았는데 어떤가요? 생각보다 그리 면적이 넓지 않은데도 다양한 특징이 있어 챙겨야 할 것이 꽤 많네요. 그러나 워낙 특징이 명확한 곳이라 꾸준히 공부하고 임장을 다니면 금방 감을 잡을 수 있을 것입니다.

평촌의 북쪽 지역

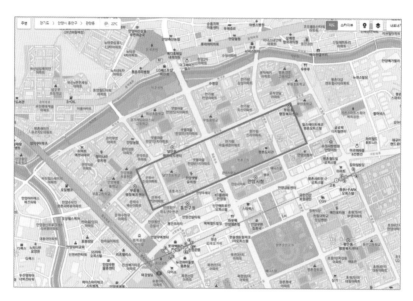

| 평북 지역 생활권 구역도

출처: 카카오맵

그럼 이제 지하철 4호선을 기준 위쪽에 있는 평북 지역을 알아보겠습니다. 평북 지역은 평남 지역과 다른 특징을 가지고 있습니다. 평북 지역은 역을 보다 적극적으로 활용하는 싱글족이나 신혼부부들에게 수요가 맞춰져 있다고 할 수 있습니다. 그래서 역과 가깝고 먹자골목과 인프라가 잘 형성된 구역을 둘러싸고 있는 단지들은 대부분 25평

미만의 중소형 평형대로 구성되어 있습니다(그림66에 주황색 박스로 표시되어 있습니다). 그리고 주황색 박스를 둘러싼 단지들 또한 10평대의 소형 평형을 대다수 포함하고 있습니다.

물론 30평형대가 아예 없다는 것은 아닙니다. 평남지역처럼 주를 이루지 않을 뿐입니다. 하지만 학군 수요가 전혀 없는 것도 아니니 평남 지역과 가까운 것이 지리적 이점입니다. 평남 지역보다 상대적으로 저렴한 가격에 거주하면서 학원 인프라와 역의 편의성까지 누리는 가성비 좋은 지역이기 때문입니다.

그래서 실거주자도, 투자자도 먼저 평남 지역을 찾아가 본 뒤에 가성비를 찾아 평북 지역으로 옵니다. 수익으로는 평남 지역을 따라갈 수 없지만, 소액으로 수익률을 따져 투자한다면 평북 지역을 눈여겨보는 것이 좋습니다. 또한 평북 지역에는 리모델링과 재건축을 추진하는 단지들도 있습니다.

리모델링을 추진하고 있는 단지는 한가람세경입니다. 진행단계는 완전 초입 단계로, 추진위원회가 설립되어 동의서를 걷는 중이라고 합니다. 이 단지는 특히 투자자 진입이 많은 단지로 동의서가 잘 걷힐 것이라는 기대가 높았습니다. 그러나 2월에 「노후계획도시 특별법」이 발표되었기 때문에 재건축을 원하는 사람들의 목소리가 보다 커졌습니다. 그래서 특별법의 윤곽이 조금 더 뚜렷해지고, 혜택이 더 많다면 재건축으로 방향을 틀 수도 있다는 분위기가 조성되고 있습니다. 그래서 앞으로도 계속 리모델링이 추진될지는 좀 더 지켜봐야 할 것 같습니다.

바로 옆 단지인 샛별 한양 단지는 조립식으로 지어져 있어 애초에 리모델링이 불가능합니다. 때문에 재건축을 진행하는 단지로 용적률 상향 발표만 목 빠지게 기다리고 있었습니다. 「노후계획도시 특별법」 발표 전후로는 거래량이 활발하게 늘고 있는 단지 중 하나입니다. 1.3 대책 발표 후 단순 문의가 늘었다면, 특례보금자리론 출시 이후로는 실질적인 거래가 늘어나고 있습니다. 이전에는 단지마다 한 달에 1~2건 거래하기도 어려웠다면, 2023년 2월에 들어서는 2주만에 한양1, 2, 3, 6단지에서 10건 이상의 거래가 성사되었다고 합니다.

평촌은
갈팡질팡?

평촌은 많은 장점을 가진 도시임에도 불구하고 그간 재건축에 있어 소극적인 모습이었습니다. 대통령 선거 기간에는 1기 신도시 특별법이 나온다고 해서 기대감이 높았는데, 막상 당선 후에는 지지부진한 속도를 보여 실망이 컸습니다. 이후 1기 신도시 마스터플랜이 2024년이 되어야 나온다는 정부의 발표 때문에 더욱 그런 실망감이 굳어진 모습이었습니다. 다른 지역과는 달리 평촌에는 미리 준비하고 있기보다는 계획이 나오는 것을 보고 움직이자는 목소리가 더 강했습니다. 그래서 더욱 관망세가 짙었던 지역이기도 합니다.

하지만 역세권 단지 용적률 500퍼센트 상향이 욕심나도 2007년부터 리모델링을 추진해 온 목련 2, 3단지도 있습니다. 이 단지는 소형 평수로 구성된 대단지이며 복도식이기 때문에 재건축을 진행하면 사업성이 떨어질 것을 우려해 초기부터 리모델링으로 방향을 잡고 진행되었습니다. 리모델링은 현재 재건축의 최대 걸림돌인 초과이익환수제에서 자유롭고, 기부채납을 신경 쓰지 않아도 된다는 장점이 있습니다. 재건축과 달리 진행 기간이 짧다는 것도 장점입니다. 당연히 재건축이 단지도 더 예쁘게 나오고 가치도 더 높게 평가됩니다. 하지만 그것은 실현되었을 때의 이야기이기 때문에 사업성 유무로 오래 다투며 에너지를 낭비하기보다는 실현 가능성이 더 큰 방향으로 빠르게 진행하는 것이 더 유리하다고 판단한 것입니다.

그런데 지난 2월 「노후계획도시 특별법」이 발표된 후, 리모델링 추진 단지들이 갈팡질팡하고 있습니다. 안양시는 현재 54개 단지 중 28개 단지가 리모델링을 추진 중인데 「노후계획도시 특별법」 발표 이후 재건축으로 방향을 바꿔야 하는 것이 아니냐는 의견이 불거지고 있기 때문입니다. 그러나 이미 리모델링이 많이 진행이 많이 된 단지들은 재건축으로 변경하기가 쉽지 않습니다. 또한 재건축은 갈 길이 너무 멀다는 문제도 있습니다. 지자체의 발표만 해도 시간이 오래 걸리는데 첫 재건축 단지와 마지막 재건축 단지 간의 기간 차이를 생각하면 못해도 20~30년 이상은 날 것입니다. 그간 리모델링만 바라보며 새 아파트로서 가격의 기준점을 제시하게 될 것이라 기대가 컸는데 이제는 다시 주춤하는 모습입니다.

하지만 이것도 어느 정도 시간이 지나면 정리되지 않을까 싶습니다. 「노후계획도시 특별법」으로 재건축의 혜택에 대한 기대감은 생겼지만, 심리상 가까운 이익은 크게, 먼 이익은 작게 생각하는 경향이 있습니다. 때문에 조합원들을 설득하여 열심히 달려가는 리모델링 단지들이 있을 것입니다. 그런 단지들은 재건축 진행에 굴곡이 생길 때마다 오히려 반사 이익을 얻을 수도 있습니다. 리모델링 완공의 첫 테이프를 끊는 단지가 어디일지는 모르지만, 재건축과는 다른 장점이 있으니 기대해 봐도 좋을 듯합니다.

그리고 많진 않지만 일찍이 재건축 의지를 드러낸 단지도 있습니다. 역 인근의 선경 1단지 아파트가 대표적입니다. 이 단지는 평균 대지 지분이 19.8평으로 중대형 평형 이상으로 구성되어 있으며 역세권 단지여서 평촌 재건축 이야기가 나오면 단골로 등장하는 단지입니다. 사실 평촌에는 13평 이상의 대지 지분을 가진 단지가 많지 않습니다. 때문에 대지 지분이 조금 크고, 역과 가까운 선경 1단지와 신동아 9단지가 재건축 대상 단지로 꼽히는 것입니다. 그 외에 대지 지분이 높은 곳을 찾으려면 다음 페이지 지도에 표시된 것과 같이 평남 지역 하단까지 바라봐야 하므로 선경 1단지와 신동아 9단지가 거론되는 것입니다.

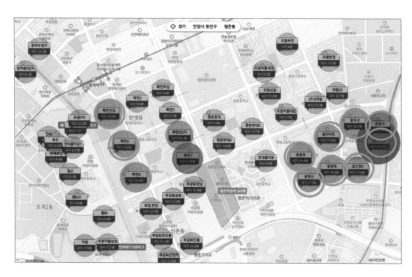

| 평촌 신도시 평남지역 대지 지분 표시 지도

출처: 호갱노노

　　하지만 이렇게 재건축에 의지를 가졌던 단지들도 지금은 추이를 지켜봐야 합니다. 지자체의 세부 방안이 나와야 앞으로 어떻게 될지 알 수 있기 때문입니다. 지자체가 결정하는 것이라 혜택을 짜게 주지는 않겠지만, 우리 단지가 빨리 재건축할 수 있을지는 이제 지자체의 결정에 달려 있기 때문입니다. 다만 「노후계획도시 특별법」이 통합개발을 가치로 내세우고 있으니 조건을 맞출 수 있는 고밀도 개발과 역세권 개발이 어우러질 수 있는 입지부터 실행되지 않을까 예상됩니다.

196 ·

나에게 맞는
단지 찾는법

1기 신도시는 '몸테크'하기에 좋은 도시입니다. 2015년 이후 부동산 가격이 많이 올랐는데 내 집만 안 올랐다 싶은 분들이 있을 텐데요, 그건 여러분이 거주의 편의성만 생각하고 집을 고르셨기 때문입니다. 우리나라는 수도권에 인구의 절반이 살 정도로 인구 밀도가 높습니다. 때문에 사람들이 원하는 지역, 원하는 단지 매물이 희소하고 1~2개의 인프라 차이에도 선호도와 가격이 크게 달라지기도 합니다.

게다가 우리나라의 문화적 특성상 대부분의 가정에서 집이 차지하는 자산의 비중이 가장 큽니다. 많게는 자산의 70퍼센트 이상을 차지합니다. 그러니 집에 관심이 많고, 집에 목을 매는 분위기가 형성되는 것이죠. 집이 잘되어야 자산이 커지는 듯한 효과를 느끼기도 합니다.

그러니 집이 거주만을 위한 소비재가 아닌 투자재가 되도록 신경 써야 합니다. '집은 거주하는 곳이지 투자하는 곳이 아니다'라고 말씀하시는 분들도 많습니다. 그러나 자신이 가진 돈 70퍼센트를 묵혀두고, 나머지는 대부분 생활비로 쓰고, 거기서 남는 돈으로 자산을 늘려야 할 텐데 그게 가능할까요? 가진 것 중 가장 큰돈은 고이 모셔두고, 생활비를 아껴서 모은 돈만으로 자산을 일으켜 세우려면 속도도 느리고 분명히 한계도 있습니다. 결혼 후 자녀까지 생긴다면 더 쉽지 않습니다.

가진 돈을 최대한 효율적으로 사용해야 합니다. 생활할 집을 마련하고, 시간이 지나(시간 레버리지) 그 집에 시세차익까지 생긴다면 일석이조입니다. 그런 점에서 평촌은 충분히 고려할 만한 지역입니다. 실거주하면서 편안한 생활을 누릴 수 있고, 자녀에게 좋은 교육 환경을 제공할 수도 있습니다. 장기 투자도 가능하고 안정적인 투자로 이어질 수도 있습니다.

물론 분당이 더 좋긴 하지만, 누가 좋은 걸 몰라서 못 사나요? 평촌은 분당 다음으로 고려할 지역으로 좋은 지역입니다. 분당은 기본적인 평단가가 높기 때문에 실거주의 진입장벽이 높습니다. 평단가가 높은 집은 전세를 끼고 어찌어찌 매수한다고 해도 실제 거주로 이어지기는 쉽지 않습니다. 전세자에게 전세금을 돌려주고 들어가야 하는데 전세금을 마련하기가 쉽지 않기 때문입니다.

그에 비해 평촌은 장벽이 조금은 더 낮은 편입니다. 또한 대치동, 목동, 중계동은 우리나라 3대 학군으로 유명하지만, 높은 가격으로 부담스럽기도 하고 부동산 정책에 따라 시장 분위기에 휩쓸려 어려움을 겪기도 합니다. 특히나 교육 정책에 따라 주춤할 때도 있어 그냥 학군 지라고만 판단하고 집입하기는 어렵습니다. 그러나 1기 신도시 내 학군이 우세한 지역들은 학군은 기본으로 깔고 일자리 배후지역의 역할이 크기 때문에 시장 분위기에 덜 휩쓸리고 가격 방어력이 좋은 편입니다.

그럼 이제 본격적으로 나에게 맞는 단지를 찾아볼까요? 단지를 찾기에 앞서 먼저 할 것은 실제 투자 또는 거주에 필요한 금액을 정하는 것입니다. 투자로든 실거주로든 현실성 있게 단지를 고르려면 자금 확인이 가장 중요합니다. 최근 부동산 시장의 하락과 금리인상을 겪어보셔서 아시겠지만, 무리하지 않고 자신의 능력 선에서 투자하는 것이 무엇보다 중요합니다. 자신의 총자산이 얼마이고, 투자에 얼마나 사용할 수 있는지, 만약 대출을 이용한다면 금리를 어디까지 감당할 수 있는지까지 자세하게 계획을 세워두어야 합니다. 미래를 알 수 없으니 변수가 생길 것까지 고려해 예비비도 조금 남겨두는 것이 좋습니다. 이렇게까지 준비하는 것이 어렵다면 마이너스 통장이나 대출 가능 금액 등을 확인해서 융통 가능 자금으로 확보해 두는 것도 좋습니다.

그다음 자신의 투자 성향을 파악해야 합니다. 예를 들어 본인이 공격적인 성향이라면 평촌에서 가격이 많이 하락한 단지 중 실제 가치보다 더 많이 하락한 단지를 찾아볼 수 있겠죠. 반대로 안정적인 성향이라면 공급물량과 시장 분위기 냉각 속에서도 가격 방어를 잘하는 단지를 찾아보고, 가격적인 메리트가 얼마나 높아졌는지 확인해 볼 수 있습니다. 이렇게 자신의 성향에 따라 같은 지역이라도 어떤 단지를 고를지 그 결과가 크게 달라집니다.

자신의 투자 성향에 맞는 단지를 고르기 위해 기준을 세운 다음, 자신의 자금과 기준에 부합하는 단지 리스트를 정리합니다. 그중에서 나에게 잘 맞고 가치 있는 단지로 직접 임장을 나가봅시다. 현장에서 여러 사람의 의견을 들어보고, 직접 기준에 맞춰 판단합시다. 마지막으로 언제 매수하는 것이 좋을지 계획을 세워 봅시다.

보수적이고 안정적인 성향이라면 진입 시점 또한 신중하게 정해야 합니다. 자금이 충분하지 않고 대출을 받아야 한다면 적어도 금리인상이 향방 정도는 확인하고 시작하는 것이 더 안전합니다. 다만 금리가 안정된 다음 들어간다면 보고 있던 부동산의 절대적인 가격이 높아질 수는 있습니다. 그러니 금리의 안정성의 정도와 상승하는 단지의 가격의 적정시점을 계속 고민하셔야 합니다.

반대로 공격적인 성향이라면, 또는 자금에 여유가 있거나 이후 가격의 추가 하락에 크게 의미를 두지 않는다면(오래 거주할 거라면 당장의 가격이 중요하지 않을 수 있습니다) 금리가 안정화된 이후에는 가격이 다시 오를 수 있으니 조금 더 빨리 움직여야 합니다. 마음에 둔 단지의 가격이 움직이는 것을 적어도 일주일 단위로 모니터링해야 합니다. 거래량이 늘거나 가격이 상승할 기미가 보이면 그때부터는 2~3일 단위로 모니터링하는 주기를 줄여야 합니다. 그러다 빠르게 매물이 줄고 또 가격이 상승할 것 같으면 매일 차이를 확인해야 합니다.

만약 5억 원에 나온 매물이 5개 정도 있었는데 2~3개 정도만 남고 그 이후 나오는 매물은 5억보다 높은 가격의 매물만 나오는 상황이라고 가정해 봅시다. 그럴 때 어느 정도의 가격을 마지노선으로 정해두고 진입할지 정해야 합니다. 가격이 조금 흔들리다가 상승할지, 바로 상승할지는 알 수 없으니 상승세를 제대로 확인하고 가려면 일정 기간 이상 지켜보고 결정해야 합니다. 그러나 지금의 가격대도 충분하다고 생각하면 매물이 다 사라지기 전에 매수하는 것입니다.

이처럼 진입 시점 또한 성향에 따라, 조건에 따라 달리 정하게 됩니다. 그런데 여기서 의문이 들 수도 있습니다. 투자 계획이나 진입 시점은 시장에 맞게 전문가의 의견을 듣고 그에 맞춰야 좋은 것이 아닌가 하고 말이지요. 그러나 저는 그렇게 생각하지 않습니다. 본인의 자산 대부분을 활용하는 만큼 전문가의 조언은 공부와 참고로 사용하는 것일 뿐, 결국 선택은 본인의 몫입니다. 그것에 대한 책임이 온전히 본인의 몫이기 때문입니다. 그래서 가능한 범위 내에서 마음 편하게 투자하고 다리 뻗고 잘 수 있는 방법을 찾아야 합니다. 특히나 부동산은 주식이나 비트코인처럼 단기간에 치고 빠질 수 있는 종목이 아닙니다. 자산의 비중이 크고 가격의 무게감도 상당하기 때문에 자신에게 맞는 판단을 해야 합니다. 물론 그렇게 책도 보고, 강의도 들으며 공부는 해야겠지요.

돈디 님의 현장 임장 보고서 일부

* 임장 보고서 전체 내용은 부록(2권)에 수록될 예정입니다.

임장 후 생각 톡톡

실수요자가 좋아하는 지역인 평촌. 평촌 신도시는 실수요자 입장에서 보면 강점이 매우 많은 도시라고 볼 수 있어요. 다음과 같은 여러 강점이 있는데요.

첫 번째 강점은 상가 밀집도입니다. 다른 신도시도 마찬가지로 수요가 한번 들어오면 나가지 않고, 상가 밀집도나 신도시 규모가 매우 작은 게 분당과 비교해서도 도드라지는 강점으로 보였어요. 원하는 상가에 용이하게 접근할 수 있고, 평촌 학원가까지도 어렵지 않게 이동할 수 있기 때문에 좁지만 알찬 삶을 즐길 수 있달까요?

두 번째는 업무지구까지의 접근성입니다. 다양한 교통망 호재로 거점 업무지구로의 이동이 점점 용이해지고 있다는 점도 강점이라 할 수 있고요. 이러한 강점을 바탕으로 판교나 강남으로 출퇴근하는 젊은 층이 선호하는 도시로 점점 자리매김하는 중이에요.

리모델링의 속도는 빠르지 않고, 대지 지분이 작아 재건축에 대한 기대감이 낮은 편입니다. 정비사업을 진행한다고 하는데 실거주 주민들의 기대감은 그리 크지 않아 신기했어요. 다만, 노후계획도시 특별법 발표 후 재건축 진행 의지가 있는 단지에서 거래가 좀 되는 것을 보니 재건축에 내한 기대감이 조금 높아진 것 같아요.

2022년에 입주 물량이 많았고, 2024년에도 많을 예정이지만, 입주 물량의 파도가 지나가면 다시 올 큰 파도는 적을 지역이기도 하지요. 입주 물량의 여파로 다소 전세가가 잘 안 받쳐주고 있습니다. 임장하면서 2022년 하반기부터 평북 지역 일부 소형 단지를 중심으로 온기가 조금 돌다가, 최근에 거래가 살아나는 것을 느낄 수 있었습니다.

투자 전략은 크게 경매와 실거주 갈아타기가 있을 것 같습니다. 학원가로 인해 전세 수요가 받쳐주기 때문에 경매로 접근해보는 것도 방법일 수 있습니다. 실거주로 상급지 갈아타기를 하기에도 적절한 전략이라고 생각합니다. 아직 전세가가 받쳐주지 않아 갭 투자로 접근하기에는 현재로서는 무리가 있을 것 같다는 의견입니다.

임장하기

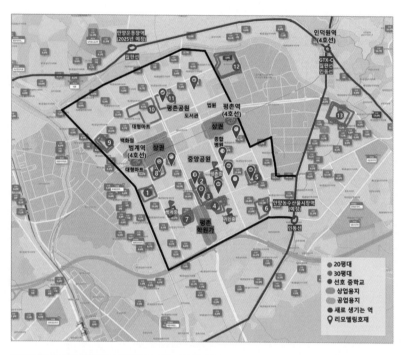

| 평촌의 강점을 현장에서 확인할 수 있는 단지 표시

위치	단지명	평형대, 가격 (매매 / 전세) * 단위: 억	용적률 / 평균대지 지분	한마디	사진
평남	목련 9단지 (1994, 500+세대)	36평 (13 / 6.3) 45평 (16 / 8.0) 53평 (17 / 8.4)	207% 18.8평	평촌에서 가장 선호도가 높은 곳 중에 하나지. 범계역과 매우 가깝고 1단지, 8단지랑 비교해 보면 이곳이 2살 더 어려서 깨끗하고, 조용하고, 주차장도 넓고, 크고……. 아무튼 명실상부한 리딩 단지임에는 틀림없다!	

평남	목련 2단지 (1992, 900+세대)	14평(4.3 / 1.5) 23평(8.0/ 3.0)	193% 9.4평	평촌의 리모델링 선봉장! 그나마 가장 잘 진행되 고는 있는데 다른 단지 들이 따라올지는 모르겠 다……. 15년이나 외로운 싸움을 하고 있지만, 그래도 계속 지켜보자!
	향촌 롯데 (1993, 500+세대)	23평(7.8/ 3.9) 24평(8.7/ 4.1) 33평(13 ,8/ 6.6)	206% 13평	20평대, 30평대 모두 갖 추고 있으며 평촌 학원가 에서 가깝다. 다들 갈아탈 기회를 호시탐탐 노리고 있다. 귀인 현대홈타운보 다 공원에 더 가깝고 단 지도 더 예쁘게 정비되어 있다.
	귀인마을 현대홈타운 (2002, 900+세대)	24평(8.0 / 5.1) 27평(10.6 / 5.3) 33평(10.9/ 6.4)	317% 9.4평	평촌 학원가를 대표하는 리딩 단지. 학원가와 가깝 고, 귀인중학교라는 학업 성취도가 어마무시기한 학교가 있어서 학부모들 이 정말 좋아하는 단지.
	무궁화 경남 (1993, 500+세대)	24평(6.2/ 3.5) 32평(9.3/ 5.2)	215% 12.6평	엎어지면 코 닿을 거리에 학원가가 있다. 학부모들 이 3대 중학교에 자녀들 을 보내고 이 단지로 이 사 오곤 한다. 단지가 상당히 잘 꾸며져 있고 무궁화마을에선 이 곳이 대장이다! 리모델링을 반대하는 주 민들이 있다는 것은 참고 하자.
	초원 대원 (1993, 700+세대)	23평(6.3/ 4.0) 31평(8.4/ 5.1) 32평(7.1/ 4.8)	207% 12.5평	귀인마을이나 향촌마을로 가기 어려운 사람들이 사 고 싶어 하는 곳, 학원가 에 가까운 가성비 단지!

평남	꿈마을 현대 (1993, 300+세대)	36평 (12.7 / 6.8) 47평(15 / 8.0) 65평(19 / 9.6)	207% 19.6평	꿈마을 중 대장. 사실 흐름이 비슷하긴 하지만 그래도 오랫동안 가격이 먼저 움직인 건 사실이다. 인동선이 언제 생길지는 모르겠지만, 일단 인동선이 생기면 초역세권이 된다! 조용하고, 거주민의 만족도가 높은 편이다. 65평이 꿈마을 단지 내에서 가장 대지 지분이 높으니 알아두는 것이 좋다.	
평북	평촌더샵 센트럴시티 (2016, 1400+세대)	24평 (10.2 / 5.4) 34평 (14.3/ 6.6) 38평(17 / 7.9)	준신축 이라 의미 없 음	새 아파트라는 점은 무시 못 하지! 평북 지역 대장 아파트. 하지만 새 아파트가 많이 들어서면 나는 어떻게 될지는 모르는 일. 그래도 일단 지금을 즐기자!	
	한가람 세경 (1993, 700+세대)	19평(5.2 / 2.3) 20평(5.7/ 2.6)	196% 9.5평	공원 뷰를 갖추고 있다. 모든 생활 편의 시설이 가까운 게 매력 포인트이다. 단일 평형이라 리모델링이 빨리 실시될 거라고 생각했는데 1기 신도시 특별법이 발표되면서 조금 아쉽게 됐다.	
	샛별 한양 6 (1993, 3,200+세대)	11평(3.2 / 1.5) 14평(4.1/ 1.8) 17평(5.2/ 2.1) 21평(5.8/ 2.5)	167% 8평	리모델링 시행 못 하는 단지이니만큼 빠르게 재건축을 밀어볼까 하는 계획을 가지고 있다.	
	은하수청구 (1992, 500+세대)	23평(6.9 / 3.3) 27평(9.0/ 3.4) 32평(9.9 / 4.6)	208% 13.2평	대지 지분 최고! 재건축 단지가 될 것이라고 예상 중. 범계역 초역세권이라는 메리트를 가지고 있다.	

206

인덕원	**푸른마을인덕원대우** (2001 1. 900+세대)	24평(7.1/ 3.5) 32평(8.1/ 4.3)	337% 8.3평	가격이 많이 하락해 뉴스에 나오던 단지이다. 인덕원마을 삼성 아파트와 더불어 인덕원의 대표 단지라 할 수 있다. 인덕원 역세권과 어느 정도 거리가 있고, 대단지이기 때문에 아늑한 느낌을 주는 곳. 임장해 보면 평촌과 생활권이 다르다는 걸 알 수 있다.	

5장

숨은 진주, 중동

다르기에 특별한
중동 신도시

1기 신도시는 서울시의 대체 주거지역으로 개발된 곳으로, 소득 수준이 평균 이상인 사람들이 많은 편입니다. 우리나라 특성상 생활에 여유가 생기면 자녀 교육열이 높아집니다. 때문에 1기 신도시는 자연스럽게 좋은 학군과 학원가를 갖춘 경우가 많습니다. 그러나 중동 신도시는 특이하게도 이러한 모습을 보이지 않습니다. 빈말이라도 다른 신도시처럼 학군을 강점으로 내세우기는 조금 어렵습니다.

1기 신도시 특성상 학군의 매력이 떨어지면 수요가 다른 지역으로 빠질 텐데 중동은 어떻게 유지되고 있는 건지 의문이 드실 텐데요. 더 신기한 건 중동 신도시는 학군과 쾌적한 환경을 갖춘 일산 신도시보다 현재 아파트 평단가가 더 높다는 것입니다. 어떻게 이런 일이 가능한 걸까요? 그 이유는 바로 중동만의 강점이 있기 때문입니다. 중동이 속한 부천시는 이미 어느 정도 도시가 형성되어 있는 상태에서 신도시로 지정되어 추가 개발이 진행된 도시입니다. 이미 수요 확인이 된 상태, 즉 검증된 상태에서 신도시가 진행되었다는 것이죠. 그렇게 수요가 뒷받침될 수 있었던 것은 단연 지하철 1호선 덕분입니다. 중동 신도시는 지하철 1호선을 통해 서울 진입에 최적화된 도시입니다. 출퇴근 시간대에는 지하철 배차 간격이 5분 이내로 아주 짧고 급행도 많은 편입니다. 그럼에도 출퇴근 시간이면 어김없이 '지옥철'이 될 만큼 이용하는 인구가 많습니다. 2010년대 중반에는 부천역을 이용하는 일일 유동 인구가 20만 명을 넘어서며, 경기도 내 유동 인구가 많은 3대 전철역으로

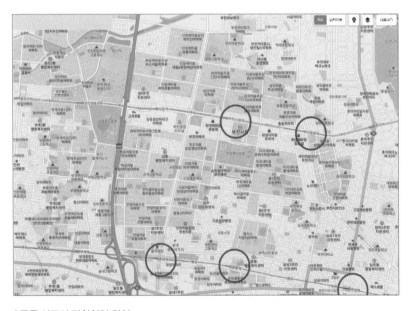

| 중동 신도시 지하철역 위치

출처: 카카오맵

꼽히기도 했습니다.

또한 부천시는 인천으로 진입하기 위해서는 반드시 거쳐야 하는 지역이기도 합니다. 지하철 1호선과 7호선은 중동 신도시의 위아래를 지나가므로 서울로 출퇴근하는 인천 사람들은 중동을 반드시 지나가게 됩니다. 앞의 지도를 보면 중동 신도시를 위한 전철역이 무려 5개나 되는 것을 확인할 수 있습니다. 1호선과 7호선 모두 다른 지역을 빙 둘러 서울로 진입하는 것이 아니기 때문에 서울 출퇴근 수요가 높을 수밖에 없습니다. 부천역에서 지하철 1호선을 타고 소사역과 역곡역을 지나면 바로 서울입니다(온수역(구로)). 그 이후 신도림역, 영등포역을 지나 용산역, 서울역, 종로3가역, 종로5가역까지 쭉 갈 수 있습니다. 강남과 강북 지역의 주요 업무지구와 주요 교통구역을 다 지나가는 것입니다. 중간에 환승할 수 있는 역도 많습니다. 온수역(7호선), 신도림역(2호선), 신길역(5호선), 대방역(신림선), 용산역(경의중앙선, KTX), 서울역(공항철도, 4호선, KTX), 시청역(2호선) 등 1호선만 타고 가도 환승해서 갈 수 있는 지역의 범위가 상당히 넓습니다. 때문에 서울로 출퇴근을 고려하는 많은 사람이 거주지역으로 중동 신도시를 떠올리게 됩니다.

또한 2012년 부평구청까지 연장하는 지하철 7호선이 개통했습니다. 덕분에 광명역, 가산디지털단지역, 대림역, 이수역, 고속터미널역, 강남구청역 등 서울의 강남과 북동쪽 주요 지역으로의 이동이 더욱 편리해졌습니다. 거주지역을 정할 때는 학군이나 편의시설도 따지지만, 직장인이 가장 먼저 고려하는 것은 단연 '출퇴근이 가능한가?'입니다. 그렇게 보았을 때 중동은 상당한 이점이 있는 지역입니다.

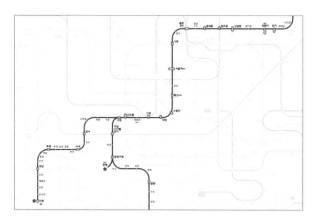

| 지하철 1호선 노선도

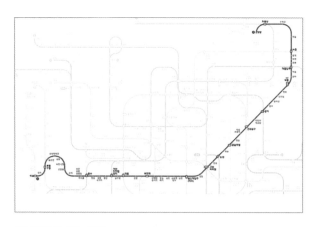

| 지하철 7호선 노선도

그런데 여기서 잠깐, 일산도 중동처럼 3호선과 경의 중앙선이 지나는데 왜 중동만 특별히 좋은 것처럼 이야기하는지 의문이 들 수도 있습니다. 일산은 좋은 학군과 학원가를 갖추고 있고, 호수공원을 기본으로 녹지 비율도 더 높은데 일산이 더 좋은 거 아니냐고 반문하고 싶어질 겁니다. 맞습니다. 일산도 위아래로 2개의 전철 노선이 있습니다. 그러나 다 같은 지하철이 아닙니다. 부천역은 수원역, 서현역과 함께 경기도 내 유동 인구가 많은 3대 지하철역으로 꼽힙니다. 부천역은 앞서 말씀드린 대로 일일 유동 인구가 20만 명을 넘어서기도 했으며, 2018년에 조사한 바로는 부천시 월평균 유동 인구는 약 270만 명입니다. 물론 이제는 부천역도 노후되었고 7호선 개통으로 인해 인구가 분산되기도 했으므로 이전과 같지는 않습니다. 하지만 상동역과 중동역이 함께 그 역할을 나누어서 할 뿐, 이용 인구가 현저히 떨어진 것은 아닙니다.

중동은 유동 인구가 많다 보니 그에 따라 상권이 발달했습니다. 유동 인구의 영향으로 다양한 편의시설과 인프라는 물론, 맛집, 쇼핑몰, 대형 마트, 백화점까지, 그것도 1개로 그치는 것이 아닐 만큼 커다란 상권이 형성되었습니다. 상권이 커진 만큼 사람들의 만족도도 더욱 높아졌습니다. 여러분도 한번 확인해 보세요. 경기도에서 대형 백화점과 대형 마트를 여러 개 가지고 있는 도시가 몇 개나 되는지요. 아마 찾기 어려우실 겁니다. 백화점이나 대형 마트 중 하나만 있어도 쇼핑하기 편한 지역이라고 합니다. 그런데 중동에는 역마다 대형 백화점, 대형 마트가 있다고 해도 과언이 아닙니다. 부천시청역에는 현대백화점과 이마트가 있습니다. 상동역에는 뉴코아아울렛과 홈플러스가 있고, 신중동역에는 롯데백화점이 있습니다. 그만큼 이 역을 이용하는 인구가 많고, 많은 소비가 이루어진다는 것입니다. SK텔레콤에서 빅데이터 분석을 통해 '2021년 대한민국 100대 상권'을 발표한 적이 있는데, 부천시 중동사거리·수원시청 주변 상권은 일평균 유동 인구가 각각 25만 6,128명, 20만 3,952명으로 경기지역 상당히 높은 수준이고, 월 매출은 중동사거리가 410억 원, 수원시청 주변 상권이 498억 원 수준이라는 결과를 보였습니다.

이 정도면 학군의 매력도가 조금 떨어지더라도 교통 편의성과 인프라로 충분히 사람들을 충족시킬 수 있지 않을까요? 게다가 학군이 조금 부족할 뿐 아예 학교와 학원가가 전무한 상황도 아닙니다. 거주자들의 소득이 높은 만큼 자녀 교육에 관심이 많아 그러한 수요를 충족시킬 만큼은 형성되어 있습니다.

교통으로
가치를 말하다

중동 신도시는 교통 편의성, 즉 지하철역 접근성을 기준으로 판단하면 보다 쉽게 이해할 수 있는 도시입니다. 지역마다 강점이 하나씩 있고, 이러한 강점에 따라 지역을 몇 개의 패턴으로 분류할 수 있습니다. 그런 면에서 중동 신도시는 교통 편의성 중심의 패턴 지역입니다. 그래서 중동을 공부할 때, 주변의 지하철역 5개를 기준으로 구역을 나누어 특징을 알아보는 것이 좋습니다.

그런데 여기서 잠깐, 유의할 것은 1기 신도시 개발계획도와 현재 조성된 모습이 약간 다르다는 것입니다. 이전 지역에서도 언급했지만 수요의 특징을 파악할 때 개발계획이나 행정구역과 똑같이 나누는 건 의미가 없습니다. 직접 현장에 나가 수요 동선과 특성에 따라 구역을 나누어야 합니다. 이것을 유념하여 특징을 파악해 보시기 바랍니다.

입지 가치① 싱글, 신혼부부들이 사랑하는 그곳

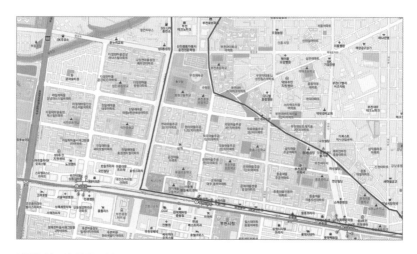

| 중동 신도시 상단 구역

출처: 카카오맵

중동은 기본적으로 지하철 7호선 기준 상단과 하단으로 나누어서 보면 이해하기 쉽습니다. 상단은 신도시 개발 당시 임대 아파트 대부분을 담당했던 구역으로 중소형 평형이 주를 이룹니다. 그 위로는 부천 체육관과 아파트형 공장으로 이루어진 부천 테크노파크가 있습니다. 신도시 내 구역은 아니지만, 그 위로는 오정 물류단지와 3기 신도시로 개발될 대장지구가 있는데 이는 향후 중동 신도시의 가치를 한 단계 높여줄 기대주이기도 합니다.

사실 중동 신도시는 교통으로 가치를 인정받는 지역인데, 바로 위 지역인 김포와는 단절되어 있다고 말할 만큼 이동이 활발하거나 편리하지 않습니다. 때문에 더욱 기대되는 것으로, 추후 대장지구가 개발되면 김포공항을 비롯한 김포의 수요까지 중동 신도시가 아우를 수 있지 않을까 기대가 되기도 합니다.

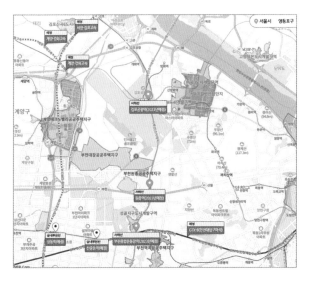

| 대장지구 위치도

출처: 네이버 부동산

다시 중동 신도시 7호선 기준 상단 구역 이야기로 돌아와서, 상단은 중소형 평형대 임대 아파트가 많았지만, 지금은 다릅니다. 많은 임대 아파트가 분양 전환되어 일반 매매가 가능해졌기 때문입니다. 원주민들에게는 여전히 임대 아파트가 많은 구역으로 굳어져 있을 수 있습니다.

하지만 중동 신도시가 있는 부천이라는 지역 자체가 경기도 내에서 인구 전출입이 가장 활발한 도시로 정평 나 있습니다. 나가는 인구가 많고, 그만큼 채워주는 인구도 많아 인구수가 거의 일정합니다. 수요의 이동이 잦고, 분양 전환된 시기가 오래되기도 해서 그 이미지는 많이 흐려졌습니다.

게다가 이 구역은 소형 평형의 비중이 높다 보니 젊은 층의 수요가 많습니다. 젊은 층의 특성상 실리를 따지는 것이 더 두드러져 예전 이미지는 큰 단점이 되지 않습니다. 이제 사회생활을 시작했거나, 독립한 지 얼마 되지 않은 사람들은 모아놓은 돈이 적기 마련입니다. 그리고 여가생활에 적극적입니다. 출퇴근 편하고, 퇴근 후 즐길 맛집 충분하고, 쇼핑몰이 가깝다면 더 이상 따질 것도 없습니다.

발달한 교통, 활발한 상권, 채워주는 젊은 수요층, 이 삼박자가 맞자 중동은 점차 발전하며 자리 잡았습니다. 그러나 중소형 평형 비율이 높다 보니 땅의 크기에 비해 거주하는 세대 수가 많습니다. 게다가 10층 이상의 고층 단지라서 기본 용적률이 높아 재건축 사업성이 낮습니다. 물론 이 구역에 중소형 평형만 있는 것은 아닙니다. 은하마을의 대우동부 아파트, 효성쌍용 아파트, 중흥마을의 신동아 아파트, 두산극동 아파트는 36평형 이상의 중대형 평형으로 구성되어 있습니다. 그러나 7호선 상단 구역 대부분은 10평대, 20평대의 비율이 훨씬 높다는 것이죠.

　이러한 수요의 특성, 단지 구성의 이유로 중동 신도시는 다른 1기 신도시들과는 달리 리모델링도, 재건축도 관심이 적은 편입니다. 중동 신도시 전체를 뒤져봐도 한아름현대 1단지 아파트만이 리모델링으로 조합 설립 인가를 받았을 뿐입니다. 그 외 단지들은 조용한 편이고, 그나마 한라마을이 추진위원회를 설립하고 동의서를 걷고 있는 정도입니다. 다른 도시에는 이주를 앞둔 단지도 있으니 이것에 비하면 속도도 한참 느리고 추진되는 단지도 적은 편이라고 볼 수 있습니다.

　부천은 경기도에서 수요의 이동이 가장 활발한 도시입니다. 그러나 재건축이나 리모델링은 장기 거주 또는 장기 소유자들이 고민하는 영역입니다. 때문에 중동은 수요 특성상 재건축, 리모델링을 고려하는 비중이 상대적으로 낮을 수밖에 없습니다. 또한 학군의 영향력이 큰 지역은 아이들이 초등학교에 입학하면 고등학교를 졸업할 때까지 웬만해서는 이사를 꺼립니다. 하지만 교통 편의성이 특성인 지역은 다릅니다. 직장이 바뀌거나 다른 이유가 생기면 미련 없이 새로운 곳을 찾아 떠납니다.

입지 가치②. 최고를 원한다면 이곳을 보라

그럼 이제 7호선 하단에 대해 알아볼까요? 이 구역의 가장 큰 특징은 중대형 평형으로 구성된 단지들의 비중이 상대적으로 높고, 밀집되어 있다는 것입니다. 구분하기 민망할 수 있지만 엄밀히 따지면 관공서, 백화점, 대형마트, 중앙공원, 대학병원 등 대부분의 인프라가 여기에 있습니다. 접근성 면에서 한 발자국이라도 더 가깝다는 것이죠. 도로를 건너지 않아도 되기 때문에 하단에 있는 단지들이 더 편리하게 이용할 수 있습니다.

다만, 하단에서도 역과 가까운 단지은 소형 평형들도 좀 있습니다. 포도마을 삼보 아파트는 20-30평형대로 구성, 미리내마을은 역과 가까운 단지이면서 유일하게 10평대가 있는 단지입니다. 그래서 하단에

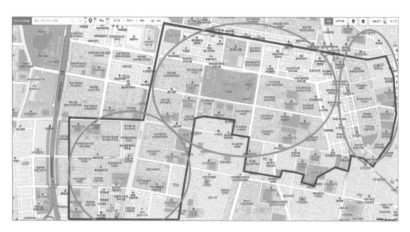

| 중동 신도시 하단 구역 생활권 구역도

출처: 카카오맵

서 소형평형, 소액투자를 하는 투자자들이 많이 진입한 곳이기도 합니다.

　중동 신도시 하단 지역은 크게 앞의 지도에 하늘색 원으로 표시된 3개 구역으로 나눌 수 있습니다. 중앙의 가장 큰 구역은 조금 더 세밀하게 나누면 부천시청역을 기준으로 특성을 나누어 볼 수 있습니다. 이렇게 구역을 나누면 자칫 복잡해 보일 수는 있으나 수요 특성을 파악하기에 좋습니다. 처음 현장에 나가보면 거기가 다 거기 같습니다. 아파트도 이름만 다를 뿐이지 모습은 거의 같습니다. 그러니 차이를 확실하게 느끼려면 구역을 나누어서 세밀하게 들여다보자는 것입니다. 이렇게 나누어서 보면 각 단지의 장단점 및 다른 단지와의 차이도 보입니다. 또한 자연스럽게 여러 부동산을 비교하게 되고 가치가 다르다는 것을 느끼게 됩니다. 그리고 이것을 반복하다 보면 어느덧 부동산의 가치를 판단할 수 있는 눈을 가지게 됩니다.

　자, 이제 지역을 보는 재미에 빠져봅시다. 시작은 항상 제일 좋은 곳부터 보는 것이 좋습니다. 가장 먼저 부천시청역 인근을 살펴보죠. 이 지역이 중동 신도시의 알짜 구역입니다. 이곳에는 부천시청역과 신중동역, 2개의 전철역이 있습니다. 현대백화점, 롯데백화점, 부천의 유일한 대형 공원인 중앙공원, 대학병원도 이곳에 있습니다. 그리고 바둑판처럼 배열된 단지들은 각각 하나 이상의 학교를 품고 있습니다. 생활권이 좋다는 뜻입니다. 비록 유명 학군은 아니지만, 학교 환경은 좋습니다. 집에서 도보로 이동 가능한 가까운 학교, 환경이 비슷한 아이들이 배정받는 학교, 부족한 공부를 도와줄 인근의 학원. 갖춰진 환경에서 아이들을 키우고 싶은 학부모들의 마음을 충분히 만족시킬 수 있는 환경입니다.

| 중동, 상동 학원가 위치도

출처: 호갱노노

또한 중동 신도시 아파트의 가격을 견인하는 대장 아파트가 여기에 있습니다. 바로 중동센트럴파크푸르지오 단지입니다. 이는 2020년 1월에 입주한 999세대 대단지로, 현재(2023년 2월 실거래가 기준) 35평이 10억 원 이상의 가격에 거래가 되고 있습니다. 2022년 4월에는 최고가로 14억 원까지 거래되기도 했습니다. 물론 금리 인상 이후, '절벽상승장'에 빠르게 오른 가격이 금세 떨어져 10억 원대에 안착하긴 했지만, 전고점으로서의 의미는 남습니다.

 먼 이야기일 수 있으나 중동 신도시의 구축 아파트가 재건축되어 새 아파트가 된다면 중동센트럴파크푸르지오 단지보다 높은 가격에 나올 것입니다. 하지만 가격이 높다고 대장 아파트가 되는 것은 아닙니다. 신축은 유한한 가치입니다. 시간이 지나면 사라질 가치이기 때문입니다. 건축 이후 5년 이상 지나고, 다른 곳에 새 아파트가 들어서면 더 높은 가격이 등장하기 마련입니다. 그러한 단지에서 신축의 가치가 사라지면, 다시금 입지 가치가 높아지고 가격이 역전될 수도 있습니다.

 이해하기 쉽게 예를 들어 보자면 재건축의 대장 아파트로 불리는 서울의 은마아파트의 경우 웬만한 신축 아파트보다 가격이 비싸죠? 그 가치는 입지에서 오는 것입니다. 부동산이 가치 있는 이유는 움직일 수 없기 때문, 즉 입지가 가치입니다.

 중동센트럴파크푸르지오 아파트는 중동 신도시에서 가장 좋은 입지를 가지고 있다고 할 수 있습니다. 부천시청역 역세권이며, 단지 양옆으로 관공서, 편의시설, 먹자골목, 이마트, 현대백화점, 롯데백화점이 있고 이것을 모두 도보로 이용할 수 있습니다. 중동의 가장 큰 단점은 녹지가 부족하다는 것인데, 이 단지에는 해당되지 않습니다. 중앙공원을 끼고 있기 때문이죠.

중앙공원은 공원으로서 쾌적함과 주거생활의 만족도를 높여줄 뿐만 아니라 공연장으로서 활용도도 높습니다. 부천에서 개최하는 각종 행사가 열리는 장소이기 때문입니다. 부천시는 애니메이션 행사와 국제영화제 등을 주력 사업으로 밀고 있는데 이러한 사업과 관련된 큰 행사를 중앙공원이나 부천시청 부지에서 개최하는 경우가 많습니다. 도시에 살면서 바로 곁에 자연환경을 두기란 어렵고, 인근에서 문화생활을 즐기는 것은 더욱 특권입니다. 그런데 중동 센트럴파크푸르지오 단지는 그 모든 것을 누릴 수 있는 입지의 강자입니다.

이 구역의 특징을 하나 더 살펴보자면 바로 하단 구역의 소형 평형(10평대, 20평대)의 단지입니다. 대표적으로는 역과 가까운 미리내마을의 은하수타운 아파트가 있습니다. 역세권 대단지가 밀집해 있는 구역의 유일한 소형 평형입니다. 한때는 이런 소형 단지에 투자자가 붙어서 상승 에너지를 크게 만들기도 했습니다. 2020년 이후 절벽상승장 시기에는 1년 만에 가격이 2억 이상 오르는 놀라운 모습을 보이기도 했습니다. 3억 원짜리 부동산이 1년 만에 1억 이상 올랐다는 것은 매우 고무적인 것입니다. 무려 시세의 30퍼센트가 오른 것이니까요.

물론 더 뒤로 가면 복사골마을의 건영 아파트도 있지만, 이곳은 도보로 역을 이용할 수 없습니다. 중동은 교통의 도시이기에 이 차이가 결코 가볍지는 않습니다. 상승세가 클 때는 이 차이만으로 가격이 1억 이상 차이 나기도 했으니까요. 게다가 중동 신도시에 싱글족과 신혼부부의 수요가 많기는 하지만, 서울 출퇴근 직장인 수요까지 생각한다면 수요의 범위가 제한적일 수 있습니다. 그래도 지역 내 싱글족과 신혼부부 수요가 여전히 많은 편이긴 합니다. 부천시청 등의 관공서, 순천향대학병원 근로자, 단지마다 끼고 있는 학교 교직원 등등 해당 수요의 일자리가 많기 때문입니다.

| 중동 센트럴파크푸르지오 시세 추이

| 복사골건영 시세 추이

출처: 호갱노노

이러한 단지들의 특징은 안정적이라는 것입니다. 2021년 가을장부터 부동산 시장은 전체적인 하락세를 겪었습니다. 중동의 대장 아파트인 중동 센트럴파크푸르지오 아파트도 처음에는 가격 방어를 하다가 2022년 6월부터 하락하기 시작했습니다. 2022년 10월 이후로는 10억원대로 유지되는 모습이기도 하죠.

그런데 복사골건영 22평의 경우, 가격이 안정적으로 유지되는 것을 알 수 있습니다. 2022년 2월까지 가격이 상승하다가 3월에는 2,800만원 하락하긴 합니다. 그러나 10퍼센트 하락은 계절적 비수기에도 보이는 현상으로, 큰 폭 하락이 아닙니다. 그리고 거래가 워낙 없어서 전체적인 가격이 움직인 것처럼 보이는 것입니다. 한 건이 4억 5,800만 원에 거래되고, 다시 4억 3,000만 원에 거래되면서 가격이 잠깐 올랐다가 떨어진 것처럼 보이지만 가격 변화에 유의미한 거래는 아닙니다. 단순

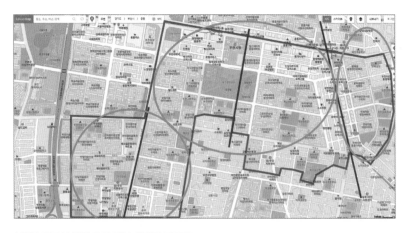

| 중동 신도시 하단 구역 세부 생활권 구역도

출처: 카카오맵

히 4억 3,000만 원에 가격이 형성되어 있다고 보면 됩니다.

다른 1기 신도시들은 10평형대의 소형 평형의 비중이 부천만큼 크지 않습니다. 분당과 일산은 소형 평형이 정말 적고, 평촌 신도시는 역세권 주변, 평북지역에 소형 평형이 있습니다. 그나마 산본 신도시에 10평형대 단지가 넓게 퍼져 있고 비중도 꽤 높은 편입니다. 그런 면에서 부천은 소형 평형의 단지가 상단 구역에 집중되어 있고, 그 평형대를 선호하는 수요가 탄탄하다는 점, 그리고 이동 인구가 많지만 그만큼 탄탄하게 받쳐주는 수요의 유입 지역 범위가 넓다는 점이 특징입니다.

입지 가치③ 소액 투자의 메카, 지금은……

다음으로 송내역, 왼쪽 첫 번째 동그라미 구역을 알아보겠습니다. 부천시청역이 중심인 구역과의 차이를 느껴보려면 부천시청역에서 넘어가기보다는 송내역에서 내려 반달마을을 거쳐 사랑마을, 꿈동산마을 순으로 가보시면 좋습니다. 같은 중동 신도시지만 다른 역을 중심으로 형성된 구역이라 차이점을 확연히 알 수 있습니다. 또한 이 구역은 왼쪽과 오른쪽으로 나누어 볼 수 있는데요, 왼쪽 구역은 10평형부터 30평형대까지 중소형 평형이 주를 이룬 구역이고, 오른쪽 구역은 30평대 후반부터 60평형까지 중대형으로 구성되어 있습니다. 같은 생활권이지만 평형대에 따라 수요가 다르다는 것을 알 수 있습니다.

왼쪽 지역은 중소형 비중이 높아 상대적으로 매매 가격은 높지 않고 전세가율이 높은 편입니다. 2013년부터 2020년 초반까지 2~3,000만 원 정도면 투자할 수 있어 소액 투자자들이 많이 진입했습니다. 매물만 잘 찾고 전세를 맞추는 시기만 잘 맞으면 500~1,000만 원으로도 투자할 수도 있었습니다. 하지만 이 시기에 단기 투자로 매도했던 이들은 큰 수익을 얻지 못했습니다. 시기를 잘못 맞추면 필요비용(부동산중개수수료, 수리비, 소유권 이전 비용, 취등록세)만 쓰고 수익은 못 본 이들도 꽤 많았습니다. 2020년 이후, 상승세를 제대로 타서 가격이 거의 2배 이상 오른 시기에 매도한 이들은 수익을 보았습니다.

이제 마지막으로 신중동역과 가까운, 오른편으로 치우쳐 있는 마지막 구역을 알아보겠습니다. 이 구역은 스트리트형 상가를 따라 길게 형성되어 있습니다. 도로를 끼고 두산위브더스테이트 오피스텔이 1단지부터 9단지까지 위치해 있고, 그 뒤에 있는 단지들의 수문 역할을 합니다. 큰 도로로 다른 구역과 구분되어 있어 한 단지 내에 20평대 소형 평형부터 40평대 대형 평형까지 다양하게 구성되어 있는 것이 특징입니다. 비록 중동 신도시에서 가장 작게 형성된 구역이지만 초·중·고등학교가 모두 인근에 있으며, 전철역, 인프라, 모두 갖춘 구역입니다.

자, 이렇게 해서 중동 신도시의 지역을 세분화하여 각 구역의 특징에 대해 알아보았습니다. 어떠셨나요? 다른 도시들과는 다른 특징이 뚜렷한 지역이라는 것을 느끼셨을 것입니다. 인상적인 것은 1기 신도시임에도 불구하고 재건축이나 리모델링에는 관심이 적다는 것입니다.

경제가 어려울수록
빛을 발하는 곳

1기 신도시 중 정말로 자급자족하고 있는 도시는 사실 분당밖에 없습니다. 중동, 평촌, 일산, 산본은 아직도 서울 일자리의 배후지역으로 남아 있습니다. 그렇다면 일자리를 가진 지역의 배후지역으로서 1기 신도시 중 가장 많은 수요를 포용할 수 있는 지역은 어디일까요? 예상하셨겠지만 중동 신도시입니다. 게다가 또 한 번의 기회를 갖게 될 지역이기도 합니다. 그 기회는 교통의 요지로서 한 번 더 발전하는 것을 말합니다. 교통의 요지라는 것은 다른 지역으로의 이동이 편리한 사통팔달의 지역을 말합니다. 부천시는 국도, 고속도로, 지하철은 물론 GTX B노선과 D노선을 통해 김포공항까지 연결되는 교통의 요지로 발전할 가능성이 큽니다.

| GTX-B 노선도

출처: 중앙일보
2022년 09월 22일자

물론 이러한 호재들이 당장 실현되기란 어렵습니다. 오랜 시일이 걸 릴 미래의 가치 요소일 뿐입니다. 게다가 지금은 코로나 위기를 극복 하고자 풀어버린 유동성의 반대급부로 인플레이션의 위기에 처해 있 습니다. 강경한 긴축정책으로 금리인상이 지속되고 있고, 경기 침체가 걱정되는 상황입니다. 부동산 호황기 때처럼 단순한 호재만으로 몇천 만 원에서 억 단위로 가격이 상승하는 시기는 아닙니다.

게다가 중동은 교통 호재와 관련하여 억울한 일을 경험한 적이 있습 니다. 오매불망 기다렸던 지하철 7호선이 2012년 부동산 시장이 저점 을 찍는 시기에 개통된 것입니다. 부천시청역, 신중동역 2개의 역이 새로이 생기고, 새로운 지하철 노선을 하나 더 갖게 된 상당한 호재였습니다. 그런데 문제는 2012년이라는 시기가 하락장의 끝물이었다는 것이지요. 2008년 리먼 사태 이후로 시작된 부동산 하락기를 오래 겪고 있다 보니 지하철 7호선 개통 호재가 있었음에도 부동산 가격은 전혀 움직이지 않았습니다. 이때는 평단가도 1,000만 원이 채 되지 않던 시기였습니다.

만약 이번 인플레이션 위기가 길어지면 지금 진행하는 사업이 부동산 시장에 유의미한 가격 움직임을 만들어 내지 못할 수도 있습니다. 그렇게 되면 부동산 가격은 지금과 다르게 상대적으로 저렴해지고, 저평가되는 지역이 될 수 있습니다. 그렇다면 또 한 번의 기회가 피어납니다. 그리고 그 기회란 어떤 모습일까요?

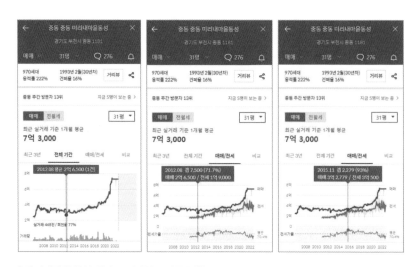

| 미리내마을 동성 아파트 시세와 투자금 변화

출처: 호갱노노

미리내마을 동성 아파트를 예로 들어 보겠습니다. 2012년 8월 31평이 2.65억으로, 평당 1,000만 원이 채 되지 않았습니다. 이때 투자에 필요한 투자금은 7~8,000만 원 정도였습니다. 그 이후 전세가가 먼저 회복되었기 때문에 2015년에는 전세가와 매매가 차이, 즉 필요한 실투자금이 2,000만 원대까지 떨어졌습니다. 이래서 2015년이 갭 투자의 시기, 대세 상승장이라 불린 것입니다. 소액 투자자들의 전성기이죠. 지금으로서는 투자를 꿈꿀 수도 없는 돈으로 아파트를 소유할 수 있게 된 것입니다. 그렇게 2018년까지 중동은 소액 투자처로 사랑받게 됩니다. 2018년 이후에는 전세가보다 매매가 상승이 높아지면서 투자금이 늘어나고 세금 부담이 점차 커지면서 이전처럼 소액으로 진입 가능한 단지 수가 빠르게 줄어들었습니다.

그와 같은 시기가 또 언제 올지 모릅니다. 임차인들을 위해 마련한 2020년 임대차 3법이 시행되고 다시 한번 서울과 기타 지역이 다시금 갭 투자로 몸살을 앓기도 했으니까요. 언제 또 중동에 바람이 불지 모르니 기회를 낚아채려면 만반의 준비를 해야겠지요?

준비 기간 동안 경기가 어려울수록 각광 받게 될 지역에 주목할 필요가 있습니다. 부천은 조금씩 깨어나게 될 것입니다. 3기 신도시가 개발되면서 대장지구는 부천과 김포를 이어주는 다리 역할을 하게 될 것입니다. 인천시 계양지구의 계양테크노밸리도 지리적으로 멀지 않습니다. 각 구역이 개발되면서 커지는 수요를 얻을 수 있습니다.

특히나 인천에는 부천과 생활권을 같이 하는 지역이 많습니다. 이미

| 부천 대장지구 스카이뷰

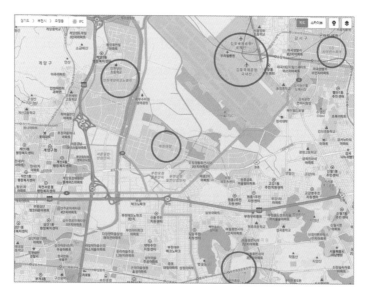

| 부천 주변의 호재 위치도

부천과 인천은 서로의 수문 역할을 하며 수요를 주고받고 있었습니다. 시간이 지날수록 그 규모는 더 커질 것입니다. 거기에 이제는 김포공항 근로자의 출퇴근 수요, 공항 이용 수요, 그리고 조금 더 멀게는 강서구의 인구까지도 노릴 수 있습니다. 강서구 마곡은 가격대가 비싸 부담을 느끼는 사람이 많으니까요. 물론 교통 편의성이 더 좋아지고 지역 간 연계가 된다는 가정하에서 말입니다.

아직은 부천의 대장지구가 개발되지 않아 부천테크노파크 주변은 황무지라는 느낌이 강합니다. 김포공항이나 강서구로 가는 교통편도 아직 불편합니다. '부천 대장지구 스카이뷰'를 보니 느낌이 오죠? 그래도 중간에 휑한 지역이 개발되고, 교통편도 개선된다면 지대가 메워지는 만큼 수요도 더욱 긴밀하게 섞이게 될 것입니다.

이제 고민이 될 것입니다. 중동을 어느 정도 파악했지만, 이전과 상황이 많이 달라졌기 때문입니다. '전처럼 소액 투자로 진입하기는 어렵겠는데?', '금리 인상과 경기 침체가 우려되는 이 상황에서 투자를 생각해 볼 수나 있을까?' 이런 생각이 들었다면 잘 따라온 것입니다.

불확실한 시장에서
더욱 빛나는 투자 무기

　부천을 바라볼 때, 그 외 비슷한 상황에 놓인 지역을 볼 때는 투자

무기를 바꿀 필요가 있습니다. 지금은 경매 투자라는 무기가 유용한

시기입니다. 물론 부동산 경매는 배워야 하는 것이 많아 진입장벽이

있습니다. 하지만 특수물건(각종 권리 관계로 소송 등을 통해 풀어야 정상

거래가 가능해지는 부동산) 위주로 투자하지 않고 일반물건(경매가 끝나고

명도만 하면 정상 거래가 가능한 부동산)을 목적으로 배운다면 그리 어렵

지 않습니다. 부동산중개소가 아닌 법원을 통해 부동산을 산다고 생각

하시면 됩니다. 권리분석만 실수하지 않고 명도(거주하는 이를 법적 절차

에 따라 이주시키는 것)에 겁먹지만 않으면 누구나 할 수 있습니다.

　저는 스스로를 '쫄보 투자자'라고 표현하곤 합니다. 저는 원체 소심하고 남에게 아쉬운 소리, 싫은 소리를 잘 못 하는 성격입니다. 처음 경매로 물건을 낙찰받고 점유자와 통화할 때는 제 심장 소리가 너무 커서 상대방 목소리가 들리지 않을 정도였으니까요. 그런 저도 하나씩 배우며 꾸준히 하다 보니 어느덧 8년 차 투자자가 되었습니다.

고기도 먹어본 사람이 맛을 알고 계속 먹는다고 하잖아요. 투자도 마찬가지입니다. 수익의 맛을 한번 보면 잊을 수가 없습니다. 처음에는 '내가 왜 이 고생을 하나', '내가 왜 부동산 투자를 한다고 일을 벌였을까'하는 생각에 괴롭습니다. 그러나 100퍼센트, 200퍼센트, 500퍼센트 수익률을 품에 안으면 절대 잊지 못할 성취감을 맛보게 되실 것입니다. 그러면 자기도 모르게 또 임장을 가고, 어느덧 법원에서 입찰표를 쓰고 있는 자신을 마주하게 될 것입니다. 무엇이든 처음이 가장 어렵고 힘듭니다. 기본적으로 사람은 변화를 두려워하고, 새로운 것에 손대는 것을 어려워합니다. 하지만 그 문을 열고 투자의 길에 들어서면 새로운 세상을 마주하실 수 있습니다.

경매 투자의 예를 하나 들겠습니다. 미리 양해를 구합니다. 부천을 예로 드는 것이 맞으나 이번에는 송도가 속한 인천시 연수구를 예로 들겠습니다. 지금 부동산 경기가 많이 어려워졌다고는 하지만, 아직 경매 시장은 무르익지 않았습니다. 때문에 아파트는 경매로 나온 물건이 많지 않고, 1기 신도시는 특히 매물이 잘 나오지 않습니다. 그만큼 좋은 지역이라는 뜻이기도 합니다. 사실 인천의 물건도 경쟁력 있게 낙

인천시 연수구 경매정보지		연수우성1차 시세 추이와 실거래가
	출처: 지지옥션	출처: 호갱노노

찰받기 위해 평형대 넓은 것으로 접근한 것입니다. 우리가 주로 거래하는 20평대나 30평대는 아니지만, 그렇기 때문에 훨씬 싸게 낙찰할 수 있었던 물건입니다. 그럼 한번 살펴보도록 합시다.

2022년 10월 26일, 공급물량이 몰려 있는 인천시 연수구 연수동 우성1차 58평형을 70.29퍼센트인 491,999,999원에 낙찰했습니다. 실거래가로 확인했을 때 6.5억 원까지 거래되었으니 급매로 6억 원에 내놓는다고해도 1억 원 이상 싸게 낙찰받은 것입니다. 심지어 이 단지의 전세가는 약 5억 원입니다. 전세를 맞추고 나면 필요비용 이외에는 투자금이 들지 않는 셈입니다. 바로 팔지 않고 인천의 공급물량이 소진되고 가격 상승이 이루어지는 시기까지 전세를 놓고 기다린다면 추후 수익을 더 기대해 볼 수 있을 것입니다.

이처럼 시장이 어렵더라도 수익을 낼 방법은 있습니다. 그리고 이 방법 이외에도 더 많은 방법이 있습니다. 그러니 자신의 상황과 자금에 맞는 방법을 찾기 위해 시간과 노력을 들이세요. 스스로 돕지 않는 자는 그 누구도 도울 수 없습니다.

마지막으로 하나 더 조언하자면, 조급하지 않아도 됩니다. 위의 사례같이 경매로 충분히 수익을 낼 수 있을 만한 상황이지만, 경매 시장이 아직은 제대로 무르익지 않았습니다. 경매 물건의 수도 많지 않고, 좋은 입지의 괜찮은 물건도 별로 없습니다. 부동산 일반 매매 시장에서 거래가 되지 않아 어쩔 수 없이 경매로 나온 물건이 아직 많지 않은 것입니다.

그림90처럼 현재(2023년 2월) 부천 아파트 경매 매물을 전부 나열해도 이것이 전부입니다. 경매 시장이 더 무르익으면 경매 물건 수도 많아지고 좋은 입지의 좋은 단지도 나올 것입니다. 그러니 우리는 그때까지 준비하고 있어야겠지요. 시장은 나를 위해 기다려주지 않습니다. 시장을 파악하고 시기에 맞게 준비하고 있어야 합니다. 그러니 지금부터라도 경매 투자라는 투자 무기를 장착하기 위해 공부를 시작해 보는 것은 어떨까요?

	사진	매각기일 용도	물건기본내역	감정가 최저가	상태	조회수 (유찰회수)	추가정보
☐		2023.02.21 3일전 아파트	**부천6계 2022-1911[1]** 경기 부천시 상동 526-1 진달래마을 2210동 2층 203호 [도약로 56] 건물 130㎡ (39평) [49평형] | 토지 75㎡ (23평)	1,230,000,000 1,230,000,000 K5-시세 1,030,000,000	신건 (100%)	187	· 세대조사
☐		2023.03.14 24일전 아파트	**부천1계 2022-37965** 경기 부천시 상동 395 반달마을 1828동 8층 804호 (롯데/삼익) [장말로 102] 건물 83㎡ (25평) | 토지 42㎡ (13평)	611,000,000 427,700,000	진행 (70%)	174 (1회)	· 세대조사 · 특수권리분석

	사진	매각기일 용도	물건기본내역	감정가 최저가	상태	조회수 (유찰회수)	추가정보
☐		2023.02.21 3일전 아파트	**부천6계 2022-1911[2]** 경기 부천시 중동 1030 금강마을 405동 17층 1702호 [계남로 106] 건물 43㎡ (13평) [19평형] | 토지 24㎡ (7평)	461,000,000 461,000,000 K5-시세 330,000,000	신건 (100%)	46	· 세대조사
☐		2023.03.07 17일전 아파트	**부천2계 2021-35016** 경기 부천시 중동 1178 미리내마을 910동 10층 1002호 [소향로 206] 건물 34㎡ (10평) [13평형] | 토지 18㎡ (5평)	326,000,000 159,740,000 K5-시세 260,000,000	진행 (49%)	430 (2회)	· 세대조사 GGTip
☐		2023.03.07 17일전 아파트	**부천2계 2022-38661** 경기 부천시 중동 1055 중흥마을 613동 14층 1402호 [중동로280번길 27] 건물 135㎡ (41평) [48평형] | 토지 65㎡ (20평)	1,000,000,000 1,000,000,000 K5-시세 875,000,000	신건 (100%)	84	
☐		2023.03.21 31일전 아파트	**부천3계 2022-35051** 경기 부천시 중동 816 ,817 동원 라동 1층 102호 [부일로330번길 19] 건물 45㎡ (14평) | 토지 31㎡ (9평)	289,000,000 202,300,000	진행 (70%)	161 (1회)	· 세대조사

| 부천 아파트 경매 예정 물건

출처: 지지옥션

송아 님의 현장 임장 보고서 일부

*임장 보고서 전체 내용은 부록(2권)에 수록될 예정입니다.

임장 후 생각 톡톡

우리는 모두 매일 어디론가 출퇴근하기 위해 이동합니다. 그리고 수도권 내에서 가장 대표적인 교통수단은 지하철이에요. 부동산 투자뿐만 아니라 실거주를 위한 지역 및 단지를 선정할 때 교통은 매우 중요한 요소 중 하나입니다.

부천시 중동 신도시와 상동지구는 지하철 1호선과 7호선이 연결되어 있어요. 이러한 지하철 연결로 인해 주요 일자리가 있는 가산디지털단지, 구로디지털단지, 여의도, 종로, 강남 인근으로 빠르고 편리하게 이동 가능하여 좋은 지역의 접근성이 매우 높은 지역입니다.

또한 부천시는 서울의 경계 지역에 있어 서울과의 거리가 가깝고, 인천을 지나기 위해서는 반드시 통과해야 하는 지역이에요. 매머드급 도시인 서울시와 인천시 사이에 위치하여 많은 인구가 이동하는 관문 역할을 하고 있습니다.

중동 신도시는 서울과 인천시의 중심축 역할을 하기 위해 다른 신도시에 비해 상업시설, 업무시설의 비중이 굉장히 높아 백화점, 아울렛, 마트, 상업시설이 많은 편이에요. 많은 편의시설과 편리한 교통으로 인해 1인 가구 혹은 신혼부부의 선호도가 높은 지역 중 하나입니다. 또한 중동 신도시는 1기 신도시로서 학원가가 잘 갖춰져 있어 자녀를 둔 3~4인 가정의 선호도도 높은 편입니다.

1993년 입주를 시작한 중동 신도시는 연한 30년이 되어가므로 구축 아파트 단지의 비중이 높은 편이에요. 아파트 밀집도가 높고 중동 신도시 내에서는 더 이상 개발할 땅이 부족하여 기존의 아파트 단지들을 재건축의 방법으로 새 아파트를 지을 수 있습니다.

중동 신도시는 대부분의 단지가 이미 용적률이 높은 중층아파트로 되어 있습니다. 재건축이 원활하게 진행되기 위해서는 용적률이 낮아야 하므로 중동 신도시는 재건축으로 신축을 만드는 것을 기대하기는 어려운 상황입니다.

재건축의 사업성이 낮은 단지들은 리모델링 추진 중에 있으며 일부 단지는 조합 설립 인가(한아름 현대1차)로 진행 속도를 내는 중이에요. 2022년 윤석열 정부가 시작된 이후 공약 중 한 가지인 1기 신도시 특별법(용적률 완화 등) 추진으로 일부 단지들은 재건축으로 방향을 트는 모습을 보이며 진행이 거의 멈춘 상황입니다.

1기 신도시 중 이미 사업성이 더 좋은 지역들이 있어 이러한 지역들이 우선 진행될 수 있으며 또한 1기 신도시 및 노후계획도시 특별법 세부 사항이 어떠한

방식으로 결정되는지에 따라 중동 신도시의 재건축 진행 방향과 속도가 많이 달라질 수 있습니다.

중동 신도시도 다른 도시들을 따라서 진행 및 개발이 진행될 수 있습니다. 「노후계획도시 특별법」의 세부 사항이 확정되면 중동 신도시에도 당연히 적용되므로 충분히 투자 가치가 있습니다.

앞으로 나타날 정책변화에 따라 시장의 흐름을 관찰하여 실거주를 위한 매수와 투자 타이밍을 결정하면 좋을 것으로 생각됩니다.

주요 단지

단지명	평형대	특징	사진
행복한 금호어울림	34평	상동역. 상권 도보로 이동이 가능한 단지. 상일초등학교에 배정받기 위한 수요가 많음. 초품아, 중품아 단지. 상일중학교는 선호도가 높은 학교. 전세로 들어왔다가 만족도가 높아져 실제 매수로 변경함. 실거주 수요가 탄탄하며 매물 건수가 많지 않음. 금호어울림에 거주하다가 대형 평형인 서해그랑블로 이동함. 상동 호수공원과 가까우며 일부 동은 상동 호수공원뷰를 자랑함.	
푸른 창보밀레시티	33평	상동역. 상권 도보로 이동이 가능한 단지. 초등학교 길을 건너야 하나 선호도 높은 상일중학교에 배정됨. 세대수 330세대.	

푸른 한라비발디	25평	상동역, 상권 도보로 이동이 가능한 단지. 상일초등학교에 배정되는 단지. 하지만 횡단보도를 건너야 한다는 단점이 있음. 세대수 382세대.	
진달래 효성	33평	상동역 북부 역세권 단지이며 석촌중학교 배정 단지. 지하 주차장 연결되어 있음. 학원가 및 상권 도보 이용가능. 학교를 보내기 위해 중동에서 본인 집을 전·월세로 내놓고 효성으로 월세로 이동함. 실거주 수요가 탄탄하며 매물 건수가 많지 않음.	
포도 삼보영남	22평, 27평, 30평	역세권이며 부천시청, 현대백화점과 이마트, 대학병원, 중앙공원 및 상권을 도보로 이용 가능한 입지 최고. 아주아파트의 신도초등학교로 배정됨.	
미리내 금호한양한신	16평, 30평	상동지구 생기기 전 미리내마을 학군 선호도 가장 높음. 초등학교, 중학교, 고등학교가 모두 있으며 초품아 단지임. 계남중학교 특목고 진학률 높음. 7호선 지하철역, 시청, 백화점, 이마트 도보 이용 가능하며 역세권의 매우 큰 상권 바로 옆에 위치함. 부천중앙공원 이용 가능한 거리.	

금강마을	16~30평	역세권 단지, 주공 초품아 단지. 작은 평수에서 30평형으로 신혼부부와 초등학생 자녀 있는 수요층 커버 가능함. 일부 동은 계남공원뷰.	
한라마을	16~23평	리모델링 추진 속도가 가장 빠른 단지. 투자자들이 가장 많이 매수한 단지. 리모델링 호재로 급매가 많이 나오지는 않음. 1, 2단지 중원초등학교, 3단지 부광초등학교 배정.	
설악주공	17/20평	지하철역에서 가장 먼 거리에 위치. 지하 주차장이 없어서 다른 단지에 비해 선호도가 낮은 편임.	
연화쌍용	22평, 30평, 45평	신중동역 인근에 위치한 단지로 꿈마을과 연화마을 함께 위치함. 서울 및 부천종합운동장과의 거리가 가장 가까운 위치. 위브더스테이트 큰 상권을 도보로 이용 가능. 초등학교 2개, 중학교, 고등학교 모두 있음.	

한아름 라이프현대	22∼30평	7호선과 1호선의 중간에 위치함. 상대적으로 가격이 저렴하여 신혼 부부, 자녀 키우는 가정의 문의가 많음. 부동산에서 확인 시 부개동과 인접 한 위치로 부평 SK해모로 입주와 신 축 입주인 부천 일루미스테이트로 인해 전세 가격과 거래에 영향이 있 을 수 있음.	
반달	12∼30평	구시가지 상권이며 1호선 송내역 지 하철 역세권 단지. 초품아, 중품아 단지. 소형평수 세대가 많아 주차난이 심 각함. 같은 마을이지만 건영, 동아, 선경의 경우 구역별로 주차장 자동 게이트 가 설치되어 주차장을 공유하지 않 음.	
팰리스카운티	24평, 34∼49평	주공아파트 재건축한 2009년식으 로 중동의 준신축 단지. 단지와 단지 사이에 큰 도로가 있어 선호도와 가격 차이 있음. 세대수 3,000세대 이상 대단지임. 초등학교, 중학교가 단지 내에 있으 며 단지 내의 학생만 배정됨. 기부채납으로 일정 기간 이후 주변 에서 입학 가능하나 현재 과밀상태 로 주변 입학이 사실상 어려움. 입주 시 중동 신도시에서 많이 이동 하였으며 세대수가 많아 주변 신축 단지 입주에 의해 영향이 있음.	

6장

평촌과 함께 가는
산본 신도시

산본은
어디와 친할까?

　산본 신도시는 계획되고 있던 택지 사업을 1기 신도시 사업으로 바꾸어 만든 도시입니다. 그러한 이유로 1기 신도시 중 가장 규모가 작으며 대한주택공사가 건설한 단지가 많아 주공아파트와 임대 아파트 비율이 높은 것이 특징입니다. 1기 신도시 중 이와 비슷한 특징을 가진 도시를 꼽자면 중동을 떠올릴 수 있으나, 신기하게도 정답이 아닙니다. 산본은 지리적으로 가깝고, 인프라를 같이 누리는 평촌과 흐름을 같이 합니다. 물론 평촌이 형님 도시, 산본이 동생 도시입니다.

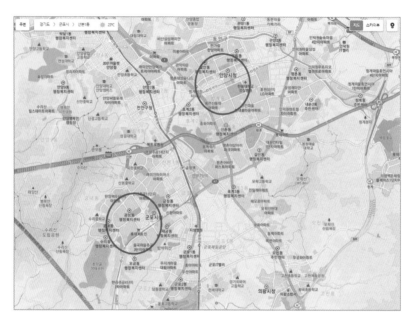

| 산본 신도시와 평촌 신도시 위치도

위 지도를 보면 평촌과 산본은 대각선으로 마주 보고 있습니다. 이처럼 두 도시는 지리적으로 가깝기도 하고, 1기 신도시가 서울의 위성도시를 목적으로 만들어졌다 보니 수요층이 비슷해 서로 더 닮게 되었습니다. 게다가 서로 수요를 활발하게 주고받기도 하고, 학원가도 공유하고 있기 때문에 서로 영향을 많이 받는 편입니다.

위의 매매 시장강도(시장의 에너지, 매수 가격, 매수세, 누적 가격 등의 요소를 종합하여 시장 분위기를 나타내는 지표) 그래프를 보면 평촌으로 대표

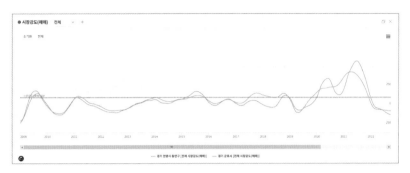

출처: 부동산 지인

되는 안양 동안구와 산본으로 대표되는 군포시의 흐름이 10년 넘게 나란히 가고 있는 것을 볼 수 있습니다. 물론 2019년 이후에는 사이가 좀 벌어지기는 했습니다.

다들 아시겠지만 지난 2~3년은 부동산 시장에 있어 조금 특별한 시기였습니다. 임대차 3법과 재개발, 재건축 이슈, 1기 신도시 특별법에 대한 기대, 부동산 규제 정책과 유례없는 시장 과열로 인해 나타난 여러 가지 모습으로 일반적인 시장의 모습을 벗어났습니다.

다음의 그래프를 살펴봅시다. 마찬가지로 매매 가격도 10년 넘게 일정한 간격을 유지하면서 나란히 가고 있는 것을 알 수 있습니다. 물론 2017년 이후부터 가격의 간극이 조금씩 벌어지는 것이 확연히 보이긴 합니다. 이는 평촌이 형님 지역으로서 상승세를 더 강하게 타면서 나타난 현상이라고 이해하시면 될 것 같습니다. 이전에 유례없던 대세

◦ 산본과 평촌의 매매가격 추이 ◦

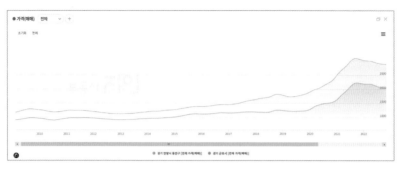

출처: 부동산 지인

상승장과 절벽 상승장을 거치며 부동산 시장이 과열되다 보니 지역 간 편차도 커지게 된 것입니다.

이렇듯 산본은 평촌과 완전히 분리하여 설명할 수 없는 도시입니다. 실제로 산본에 살다가 돈에 여유가 생겨 보다 상급지로 이사를 하려는 사람이 가장 먼저, 그리고 가장 적극적으로 고려하는 곳이 평촌입니다. 반대로 평촌에서 살다가 전월세 비용이나 대출 이자가 부담돼 이사하려는 사람이 가장 먼저 고려하는 지역도 산본입니다. 그만큼 두 지역은 친숙하게 얽혀있습니다.

하지만 산본의 모든 것을 평촌과 연관 지어 평가하는 것은 좋지 않습니다. 당연하지만 산본만의 가치도 있기 때문입니다. 산본은 평촌보다 학군이 약한 대신 교통 편의성이 더 좋은 편입니다. 지하철 1호선과 4호선 2개 노선을 이용해 보다 편리하게 서울로 출퇴근할 수 있으므로 직장인 수요가 조금 더 큽니다.

게다가 산본은 GTX C 노선이 지나가는 금정역을 갖게 될 도시입니다. 반복해 말하지만 거주지역을 정할 때 가장 중요한 것은 직장까지 출퇴근 가능한가입니다. 현재 지하철 2개 노선이 있고, 추가로 GTX C 노선까지 개통한다면 더 많은 출퇴근 수요를 포용할 수 있을 것으로 기대하고 있습니다. 현재 교통편으로 강남까지 가려면 광역버스로 1시간, 전철로 1시간~1시간 30분 정도가 걸립니다. 출퇴근 시간으로는 애매한 지점입니다. 그러나 GTX가 개통되면 금정역에서 삼성역까지 15분 만에 이동 가능하다고 하니 더 먼 지역의 사람들도 관심을 가질 것입니다.

| GTX 노선도

출처: 중앙일보
2022년 09월 20일자

또한 금정역은 '트리플 역세권'이 되므로 복합환승센터의 역할도 기대해 볼 수 있습니다. 지하철 1호선과 4호선, GTX까지 정차하게 된다면 역의 유동인구도 더 많아지고, 단순 이동이 아닌, 보다 많은 역할을 기대해 볼 수 있을 것입니다. 복합환승센터 자체가 유동 인구가 모이는 곳에 각종 산업과 쇼핑, 문화시설을 발달시키기 위한 초석으로, 금정역의 가치는 향후 더 높아질 것입니다.

평촌의 학원가를 넘어서지는 못하지만 필요한 학원가는 충분히 조성되어 있습니다. 만약 도시 내 학원가가 아쉽다면 학원 차량을 이용해 평촌 학원가로 이동하는 것도 어렵지 않습니다. 지리적으로 워낙 가깝다 보니 평촌 학원가는 산본의 학생 수요까지 아우르고 있습니다.

산본의 숨겨진 가치

금정역세권개발, 금정역 주변 재개발

정확히 말하자면 산본이 지하철 1호선과 4호선을 모두 포함하고 있는 것은 아닙니다. 개발계획도를 보시면 지하철 4호선인 산본역은 개발 구역 내에 포함되어 있지만 1호선과 4호선이 서는 금정역은 엄밀히 말하면 산본이 아닙니다. 하지만 그렇다고 하더라고 금정역과 산본의 관계가 사라지는 것은 아니며, 금정역이 산본 시민들이 가장 많이 이용하는 역이라는 것은 변하지 않습니다.

그럼에도 불구하고 금정역이 산본 구역에 포함되지 않음을 굳이 짚은 것은 그것 때문에 생기는 이점도 있기 때문입니다. 산본은 1기 신도시 중에서 규모가 가장 작은 도시입니다. 때문에 규모 면에서는 아쉬울 수밖에 없는데 떼려야 뗄 수 없는 금정역이 생기는 것입니다. 그것도 금싸라기 땅이라고 할 수 있지요. 산본 신도시에 포함되지 않았던 금정역과 금정역 사이의 땅이 산본의 단점을 보완할 수 있습니다.

그래서 금정역과 산본 신도시 사이에서 진행되고 있는 재개발 사업과 금정역 역세권 개발에 기대가 큰 것입니다. 입지 또한 산본 신도시의 핵심 입지와 비견되거나 자리만 잘 잡는다면 그 이상을 상회할 입지입니다.

그림103에 빨간 동그라미로 표기된 구역 중 일부는 '금정역 주변 재개발 사업'으로 지난 2021년 12월 30일에 '금정역 역세권 재개발 사업 정비계획 결정 및 정비 구역 지정이 확정 고시되기도 했습니다. 지난 2007년부터 금정역세권을 중심으로 뉴타운으로 개발한다는 의지를 보였으나 잘 진행되지 않았습니다. 그렇게 표류하다가 최근에서야 구역 지정이 되는 등의 가시적인 진행이 되기 시작했습니다. 사실 그간 활발히 이용 중인 역임에도 불구하고 방치된 면이 있습니다. 하지만 역세권 개발이 진행된다면 산본 신도시의 수문 역할로서 산본의 위상을 한 단계 올려놓을 일입니다. 지금은 아무래도 금정역에서 내려 도시를 마주하게 되었을 때 첫인상이 좋은 도시의 좋은 모습이라고 이야기하기에는 조금 민망한 것이 사실입니다.

금정역 주변 재개발 지역은 산본1동 1지구(예상 2021세대, 조합설립인

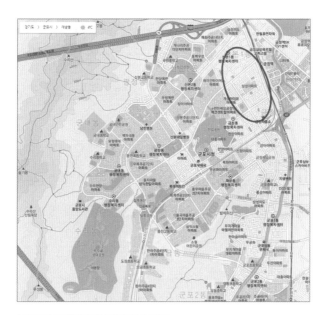

| 금정역 역세권 개발 및 재개발 구역

출처: 카카오맵

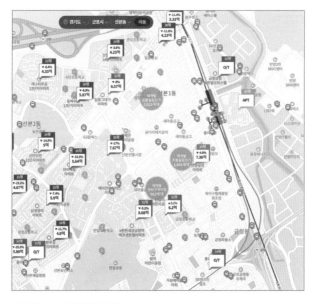

| 금정역 주변 재개발 구역

출처: 부동산 지인

가 단계), 산본1동 2지구(예상 963세대, 정비구역 지정 단계), 금정역 역세권 재개발(예상 1,441세대, 조합설립인가 단계) 이렇게 3개의 구역입니다. 2개 구역이 조합설립인가 단계, 1개의 구역이 정비구역 지정 단계이니 3개의 구역 모두 아주 초입으로 볼 수 있습니다. 물론 「노후계획도시 특별법」으로 산본 신도시와 주변 구역을 합쳐서 진행할 수도 있고 그렇지 않을 수 있지만, 우선 진행하면서 더 유리한 방향으로 움직이게 되지 않을까 싶습니다. 이번 특별법 자체가 통합개발로 역세권 개발과 인프라를 보다 업그레이드하겠다는 의지가 담겨 있으니 같이 진행되면 더 좋은 그림이 나올 것 같기는 합니다.

입지 가치① 소형 단지

이제 본격적으로 산본에 대해 알아보겠습니다. 산본 신도시는 다음 지도에 동그라미로 표시한 것과 같이 생활권역이 크게 3개로 나뉩니다. 지하철 4호선인 산본역을 중심으로 상단과 하단, 수리산역을 시작으로 좌우로 길게 단지가 늘어선 구역입니다. 산본으로 임장을 가보면 왜 이렇게 생활권을 나누었는지 바로 이해될 것입니다. 전철 철로가 고가차도처럼 머리 위로 길게 지나가 이것이 지역을 나눈다는 느낌이 아주 강하게 들거든요, 심지어 철로 아래를 지나가고 있노라면 문을 지난다는 느낌이 들기도 합니다.

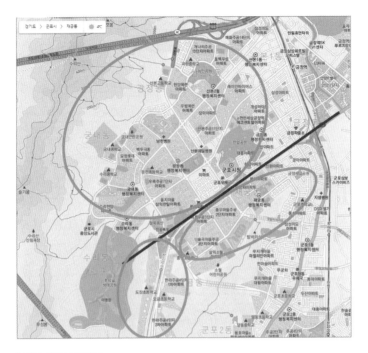

| 산본 신도시 생활권

출처: 카카오맵

먼저 산본역 하단 지역부터 알아보겠습니다. 하단 구역 아파트는 대부분 이름에 '주공'이라는 단어가 붙어 있습니다. 주공이 아닌 단지는 500세대 내외이며 무궁화, 목련 등의 이름으로 30~40평형대 수요를 해결하고 있습니다. 그에 반해 주공은 1,000~2,000세대 이상의 대단지로 10평형대와 20평형대로만 구성되어 있습니다. 차이가 조금 있긴 하지만 이 구역은 중동 신도시의 지하철 7호선을 기준으로 나눈 상단 구역과 비슷한 면이 있습니다.

가장 큰 차이가 있다면 산본의 이 구역은 리모델링에 상당히 적극적이라는 것입니다. 아래의 사진과 같이 동의율을 플래카드에 적어서 홍보할 만큼 적극적인 도시인 만큼 리모델링을 추진하는 단지만 12개 단지에 달합니다. 이 사실만 보더라도 두 도시 간 재건축이나 리모델링에 관한 생각이 극명한 차이를 보인다는 것에 절로 고개를 끄덕이게 됩니다.

| 리모델링 추진 플래카드

사실 그럴 수밖에 없는 것이 산본은 용적률이 높은 것과는 별개로 대부분 소형 평형으로 구성된 대단지여서 사업성을 키우기가 쉽지 않을 듯하기 때문입니다. 게다가 너무 오랜 시간 심각한 주차난에 시달리고 있습니다. 물론 연식이 오래된 단지는 대부분 세대당 주차 비율

이 낮아 주차난에 시달리기는 합니다. 하지만 산본의 이 구역은 그것을 감안하더라도 심각한 수준입니다.

하단 구역 내 단지 대부분이 10평형대, 20평형 초반의 소형 평형대인데 이런 것이 1,000~2,000세대 이상 모여 있다 보니 그 면적만으로는 주차를 해결하기가 어려울 수밖에 없습니다.

여러 지역에 임장을 가봐도 인도에 주차하도록 주차선이 그어져 있는 곳은 흔치 않았습니다. 문제는 그렇게 하고도 여전히 주차 구역이 부족해 보인다는 것입니다. 이외에도 여러 가지 이유로 리모델링에 적극적이어서 빠르게 새 옷을 갈아입을 여지가 있다는 것은 사실 산본에 긍정적인 요소입니다.

| 주차난으로 인해 인도에 주차한 차량

입지 가치② 수리산역을 사랑한 이들

이제 수리산역이 중심인 구역을 알아보겠습니다. 이 구역 또한 산본역 하단 구역과 비슷하게 주공 아파트가 잔뜩 들어서 있습니다. 모든 단지가 주공이라는 점, 10평형대와 20평형대만 있고 30평형대 이상이 없다는 것이 특징입니다. 그래서 30평형대에 거주하고 싶다면 다른 구역으로 이동해야 합니다. 이렇게 되면 수요가 오래 머물지 않고 흐른다는 단점이 있습니다. 그렇지만 4개 단지 모두 수리산역을 이용할 수 있다는 장점도 있습니다.

게다가 산본은 리모델링을 추진하는 단지가 압도적으로 많은데, 재건축을 진행하는 4개의 단지 중 하나가 여기에 있습니다. 바로 가야주공 5단지 1차 아파트입니다. 이곳은 2023년 6월 예비 안전진단을 신청할 예정입니다. 게다가 수리산역 역세권 단지이기 때문에 용적률이 더 커질 가능성이 큽니다. 그러나 「노후계획도시 특별법」이 2월에 발표되었고, 현재는 가이드만 나온 상태이기 때문에 세부 사항은 지자체 발표 후에야 알 수 있습니다.

다만 지자체가 혜택을 짜게 주지는 않을 것입니다. 문제는 지원에 필요한 비용 부담도 있고, 많은 단지를 동시에 재개발할 수 없으니 순서가 정해질 것이라는 겁니다. 과연 수리산역 단지들이 첫 번째가 될 수 있을까요? 이는 조금 생각해 봐야 할 문제입니다. 사업성이나 가치에 따서 순서를 정할 것인지, 아니면 기존에 진행되던 순서를 존중해

줄 것인지는 지자체의 결성에 따라 달라질 수 있습니다. 다만 통합개발이라는 기준이 있기 때문에 개인적으로는 역세권, 인프라 등 기준에 부합하는 구역이 먼저 개발될 가능성이 크지 않을까 생각합니다.

입지 가치 ③-1. 산본의 미래

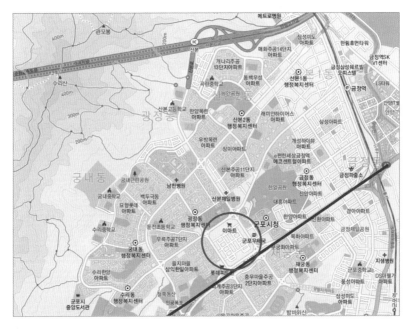

| 산본 신도시 중심 상권

출처: 카카오맵

마지막으로 가장 면적이 큰, 산본의 중심이라 할 수 있는 산본역 상단을 알아보겠습니다. 이 구역은 언뜻 보면 군포시청 앞 상업지역을 둘러싸듯 퍼진 모습이고, 수리산 쪽까지 보면 2겹으로 둘러싸인 모양입니다. 때문에 무조건 상업지역과 가까운 단지가 최고, 역과 가까운 단지가 최고라고 생각하실 수도 있습니다. 특히 직접 임장을 가보지 않고 거리뷰와 스카이뷰로만 확인하면 그럴 수밖에 없습니다. 하지만 실제로는 그렇지 않습니다. 그래서 임장이 중요한 것입니다. 컴퓨터로는 절대 알 수 없는 것들이 현장에는 있습니다. 차를 타고 쓱 돌아보는 것도 마찬가지입니다. 발로 직접 걸어보지 않고서는 알 수 없는 것들이 정말 많습니다. 힘들더라도 최소 한번은 직접 발바닥에 물집이 잡힐 정도로 걸어 보아야 합니다. 그래야 낯설었던 지역이 조금씩 눈에 들어오기 시작할 것입니다. 그렇게 노력하다 보면 점차 지역별, 생활구역별, 단지별 특징이 보이고, 부동산의 가치를 판단할 수 있게 될 것입니다.

게다가 산본역 상단 구역은 넓기도 넓고, 단지 수가 많아 입지를 구분하기가 조금 어렵습니다. 하단과 수리산역 구역처럼 단순하지 않습니다. 그래서 지역 파악을 위한 가장 기본적인 방법과 꿀팁을 먼저 말씀드린 것입니다. 이제부터 설명하는 내용은 제가 여러 번 임장을 다니며 파악한 것을 정리한 내용입니다. 자, 함께 임장을 다닌다는 느낌으로 구역별 특징을 떠올리며 읽어봅시다.

지하철 4호선 기준 상단에 있는 이 구역은 면적이 넓어서 다음의 지도와 같이 생활권을 나눌 수 있습니다. 다음의 지도는 한 구역에서 다

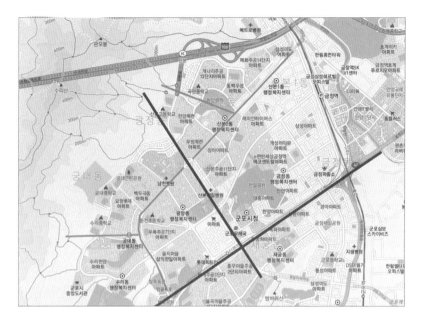

| 산본 신도시 중심 상권

른 구역으로 넘어가는 데 걸리는 시간, 경사, 분산된 인프라 등을 고려해 주민들의 생활 동선에 따라 구분한 것입니다. 이 지도가 일견 복잡해 보일 수도 있지만, 우선은 이러한 기준으로 나누었다는 것만 알고 계시면 됩니다.

이제 산본로 기준 오른쪽 구역부터 알아보도록 하겠습니다. 이 지역은 금정역과 산본역을 이용할 수 있고, 한얼공원이 있어 녹지 비율도 좋은 편입니다. 다음 페이지의 지적편집도를 보면 알 수 있듯, 상업지역이 발달해 있습니다. 군포시청 앞의 중심상업지역과 그 위에 있는 일반상업지역과 근린상업지역이 함께 있는 상권까지 2개의 큰 상권을 가지고 있습니다.

군포시청 앞 중심 상권에는 유흥상권의 비중이 높습니다. 군포시청 직원이나 인근의 직장인, 산본 거주민들이 퇴근하고 한잔하면서 하루의 시름을 내려놓는 곳이 바로 여기입니다. 물론 아파트 단지와 마주 보고 있는 상가 쪽에는 학원의 비중이 크긴 합니다. 어느 길로 들어서냐에 따라 업종이 갈리는 것입니다.

중심 상권과는 달리 위쪽 일반 상업지역과 근린상업지역에 있는 이곳은 주로 학원으로 구성되어 있습니다. 상권 규모 차이가 큰데 중심 상권에 있는 학원은 63개, 일반상업지역에 있는 학원은 50개로 어느 업종에 더 주력하고 있는지 바로 알 수 있습니다.

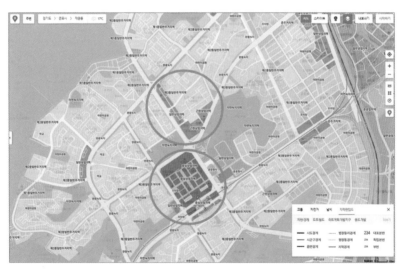

| 산본 신도시 지적편집도

출처: 카카오맵

이제 왼쪽 구역으로 넘어가야 하지만, 중심상업지역의 먹자골목과 일반상업지역의 학원가를 모두 이용할 수 있는 단지를 먼저 살펴보고 넘어가도록 하겠습니다. 다음의 지도를 보면 같은 연식의 단지보다 빨간 동그라미 안 2개 단지의 평단가가 조금 더 높은 것을 알 수 있습니다.

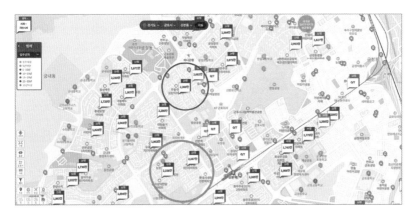

| 입지 설명을 위한 비교단지 표시 지도

출처: 부동산 지인

비록 단지 내에 초등학교는 없지만, 단지 주변에 중앙공원과 중심상업지역이 있고, 단지 옆으로는 학원가가 있습니다. 어떤가요? 입지가 나쁘지 않죠? 이를 따로 언급하는 이유는 현장 임장을 다녀오지 않았더라면 놓쳤을 부분이기 때문입니다. 지하철역과 가깝고 각종 인프라를 갖춘 단지가 최고라고 생각하실 수 있습니다. 그러나 실거주하는 입장에서 조금만 더 생각해 보면 지하철역과 상업지역에 아주 가까운 단지는 활기차긴 해도 소란스러울 수 있습니다. 학부모라면 아늑하고 안정감 있고, 자녀를 위해 유흥상권과는 떨어져 있는 상권을 선호합니다. 그런 면에서 이 구역은 학부모들의 니즈를 충족합니다. 또한 빨간 동그라미 구역은 중심 상권보다 학원가가 형성된 일반상업지역과 가깝고, 금정역이 개발되면 입지가 바뀔 수도 있어서 이후 언급할 래미안하이어스 단지와 비교하기에도 좋습니다. 그래서 따로 언급한 것입니다.

사실 래미안하이어스는 산본을 대표할 정도로 유명한 단지입니다. 산본 신도시 개발계획구역에 포함된 단지는 아니지만, 명백히 산본을 대표하는 단지입니다. 래미안하이어스는 산본에 몇 없는 대단지 브랜드 아파트로, 다른 아파트의 가격을 견인하는 대장 아파트 역할이기 때문입니다. 그러나 아쉽게도 최고의 입지를 가지고 있지는 않습니다. 래미안하이어스는 금정역과 산본역의 중간 지점에 있어 역세권이라고 말할 수는 없습니다. 게다가 인프라가 발달한 상업지역이나 그 외 시설이 단지를 둘러싸고 있는 것도 아닙니다.

하지만 한 번이라도 산본으로 임장을 가보신 분이라면 이 단지는 기존의 산본과는 달리 산본의 미래 모습 같은 면모가 있다는 것을 느끼셨을 것입니다. 그리고 금정역세권 개발과 금정역 주변 재개발 사업이 성공적으로 마무리된다면 인프라의 중심 입지가 바뀔 가능성도 있습니다. 그런 면에서 더욱 가치 있습니다.

투자 성향 알아보기

자, 이제 여러분의 선택을 돕기 위해 비교를 한번 시작해 봅시다. 래미안하이어스는 2010년식이고, '입지 설명을 위한 비교단지 표시 지도'의 빨간 동그라미 구역에 속한 산본 이편한세상센트럴파크는 2002년식입니다. 래미안하이어스는 산본의 대장 아파트이고, 대단지 브랜드 아파트입니다. 산본 이편한세상센트럴파크는 앞서 언급했듯 입지

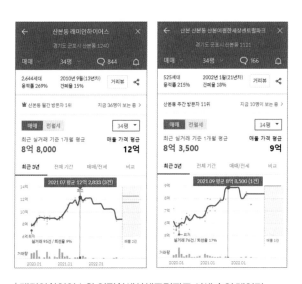

| 래미안하이어스와 이편한세상센트럴파트 시세 추이 데이터

출처: 호갱노노

적 위치가 좋습니다. 래미안하이어스는 2021년 7월 전고점 매매가격이 12억 4,000만 원이고, 산본 이편한세상센트럴파크는 2021년 9월 8억 8,500만 원을 달성했습니다.

만약 여러분에게 이 두 단지 중 한 채를 골라 살 정도의 현금이 있습니다. 그 자금이 약 13억 원 정도라고 가정해 봅시다. 여러분은 무엇이 더 마음에 드시나요? 이 질문을 한 이유는 여러분 스스로 자신의 투자 성향을 파악해 보라는 의미입니다. 사실 자신의 투자 성향을 단번에 알아채기란 쉽지 않습니다. '난 어떤 걸 좋아하지?', '어떻게 해야 마음 편하게 투자할 수 있지?' 스스로에게 물어도 수학 공식처럼 정확한 답

| 래미안하이어스와 이편한세상센트럴파트 2022년 9월 단지별 실 거래 평균가

출처: 호갱노노

이 나오지는 않습니다. 상황을 직면해야 합니다.

성향을 알아채기 쉽게 두 단지의 흐름을 따라가 볼까요? 두 단지는 또한 부동산 시장이 전체적으로 하락하기 시작한 후 일로를 걷게 됩니다. 과연 어떤 흐름을 보였을까요? 하락세 시작으로부터 약 1년이 지난 시점인 2022년 9월의 실거래 평균가를 확인해 보겠습니다. 34평 기준 래미안하이어스는 8억 8,000만 원이고, 산본 이편한세상센트럴파크는 8억 3,500만 원입니다.

이 시점에서 챙겨볼 것은 '전고점 가격과 비교해 얼마나 가격이 떨어졌는가'입니다. 단지별로 시장이 좋을 때 가격 상승 폭과 시장이 안 좋을 때 가격 하락 폭을 확인하면 자신이 어느 쪽에 투자하는 쪽인지 조금 감이 올 것입니다. 부동산 가격 상승기(2020년 10월~2021년 7월) 단 9개월 만에 래미안하이어스는 무려 3.5억 원이나 상승했습니다. 그러나 하락기에는 1년도 안 되어서 12억 원대에서 8억 원대까지 빠졌으니 상승과 하락의 폭이 큰 단지라는 것을 알 수 있습니다. 상승할 때는 마냥 좋았는데 이렇게 보니 이 단지는 좀 위험하겠다는 생각이 들기도 합니다.

다음으로 산본 이편한세상센트럴파크도 살펴볼까요? 부동산 가격 상승기(2020년 11월~ 2021년 8월), 9개월 만에 이 단지도 무려 2.3억 원 정도 상승했습니다. 마찬가지로 부동산 시장이 안 좋아지자 가격이 떨어지기 시작했지만, 약 5,000만 원 정도 떨어진 것으로 확인됩니다. 최고의 상승을 보이는 단지는 아니었지만, 상승 폭도 그리 적지 않았고, 가격 하락 폭은 상대적으로 적습니다.

자, 어느 단지가 더 마음에 드시나요? 아직 잘 모르시겠다고요? 한 번 더 해봅시다. 시기를 달리해 2022년 9월 래미안하이어스, 산본 이편한세상센트럴파크 34평. 이 두 가지 중에 하나를 매수한다면 어느 단지가 좋을까요? 물론 이 시기는 이미 하락장이기 때문에 실제라면 저점 시그널이 보이면 매수해야 합니다. 하지만 우리는 지금 투자 성향을 알아보기 위한 모의투자를 하고 있을 뿐이니 이 점은 잠시 잊읍시다.

현재 두 단지의 가격 차이는 약 4,500만 원 정도입니다. 같은 상승장이라고 해도 상승 폭이 훨씬 큰 래미안하이어스가 8.8억 원, 하락 폭이 적은 산본 이편한세상센트럴파크가 8.35억 원입니다. 이제 어느 단지가 더 매력적인가요? 정답은 없습니다. 여러분의 성향이 중요할 뿐입니다.

우리가 부동산을 공부하고 투자하는 이유는 보다 행복해지기 위해서입니다. 월급만으로는 답이 없는 듯한 현실과 내일이 기다려지지 않는 불안에서 벗어나 조금 더 여유롭고, 풍족해지고 싶은 바람에서입니다. 저는 맞벌이를 하는데도 둘째 아이의 병원비를 댈 수 없는 지경이 되어서야 제 현실을 깨달았습니다. 월급만으로는 답이 없다는 것이 무슨 뜻인지 그제야 알게 된 것입니다. 지출을 아무리 줄여도 끝없이 늘어나는 병원비를 감당할 수 없게 되자 수입을 늘리는 것이 방법임을 깨닫게 되었습니다. 그 방법이 부동산 투자였고 덕분에 미래를 꿈꾸게 되었습니다.

그런데 자신에게 맞지 않는 불안한 방법으로 얼마나 잘, 얼마나 오래 할 수 있을까요? 부동산은 단기 투자로는 절대 부자가 될 수 없습니다. 지난 대세 상승장과 절벽 상승장에 돈을 번 사람들이 많다고 하지만, 그들의 자산은 늘었을지라도 결론적으로 진정한 자산가, 부자가 되었다고 말하기는 어렵습니다. 진정한 부자는 삶이 바뀌어야 하거든요. 단순히 돈이 좀 많아졌다고 부자가 되는 것은 아닙니다. 때문에 자신의 성향을 파악하고 그에 맞춰 오래 투자할 수 있도록 하는 것이 무엇보다 중요합니다.

다시 모의투자 이야기로 돌아갑시다. 2023년 2월, 래미안하이어스의 가격은 7억 4,750만 원까지 하락했습니다. 8억 8,000만 원에서 1억 3,000만 원 조금 넘게 더 떨어진 것이지요. 산본 이편한세상센트럴파크는 이 원고를 쓰고 있는 2023년 2월에는 아직 실거래가가 나오지 않았으니 1월 실거래가 기준으로 말씀드리자면, 7억 원에서 7억 9,900만 원까지 거래된 것으로 나옵니다. 래미안하이어스도 산본 이편한세상센트럴파크도, 그 이후 하락분은 같다는 것입니다. 이제 다시 스스로에게 물어보세요. 나는 많이 오르는 것을 더 좋아하는지, 아니면 떨어지는 가격을 더 못 견뎌 하는지 말입니다.

이제 산본 이야기로 돌아가 보겠습니다. 이제 오른쪽 구역의 나머지 단지에 대해 알아보죠. 이 구역을 더 세분화하면 다음 지도와 같이 나누어 볼 수 있습니다. 가장 왼편에는 산본주공 11단지와 장미아파트가 있습니다. 산본주공 11단지는 10평형대, 20평형대만 있는 소형 평형 단지로, 산본역을 이용하여 출퇴근하는 이들에게 매력적인 단지입니다. 작은 평형대에서 사회생활을 시작한 사람이 결혼해 가정을 꾸리고, 그의 자녀가 학교에 갈 때쯤엔 30평형대로 평형을 넓혀 인근의 장미아파트와 백합아파트로 이사할 수 있습니다. 가격도 그리 크게 차이 나지 않아 이 지역에서 오래 거주할 수 있습니다.

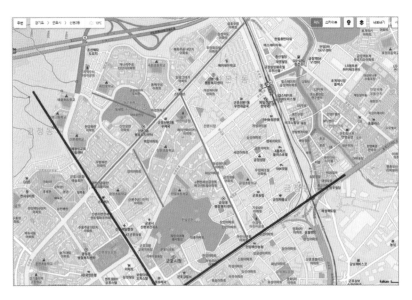

| 산본 신도시 상단 오른쪽 구역 세부 생활권

출처: 카카오맵

다음은 고산로 위쪽 지역으로, 이 구역 또한 2개의 생활권으로 나누었습니다. 왼쪽 구역은 산본주공 11단지부터 경사가 있어 점점 지대가 높아집니다. 우방목련, 한양목련, 신안모란 아파트가 이곳에 모여 있는데 고산로 위쪽 단지들의 특징은 학교가 더 산쪽에 위치해 있다는 것입니다. 낮에 가보면 고산로 도로는 조용하고, 학교가 있는 단지 위쪽은 아이들 덕에 활기찹니다. 그러나 이 구역에는 특징적인 인프라가 없고 단지 주민에게 기본적으로 필요한 시설만 있어 유동 인구가 적습니다.

능안공원을 지나 오른쪽으로 이동하면 개나리주공과 동백우성 아파트가 있습니다. 능안공원 쪽에서 걷다 보면 조용하다 못해 적막하다는 느낌이 듭니다. 그런데 이 구역은 금산로를 따라 산본 사거리를 지나 단지로 진입하면 활기찬 느낌이 듭니다. 거주민이 아닌 사람들이 많이 이용하는지 아닌지에 따라 분위기가 다르게 느껴질 수 있기 때문입니다. 그래서 어느 길로 임장을 갔느냐에 따라 판단이 달라질 수 있으니 양쪽 길 모두 가보시길 추천합니다.

특히나 매화주공 14단지는 고산로에서 보면 도로에서 한참 떨어진 단지로, 도로와 단지 사이의 높이 차이도 크고 진입이 조금 불편했습니다. 그런데 뒤쪽의 곡란로를 따라 진입하면 그런 불편함이 없고, 곡란초등학교를 사이에 두고 동백우성 아파트와 마주보고 있어 단지 밀집도가 느껴지기도 했습니다. 그러나 진출입로가 마주 보고 있는 건 아니어서 단지가 연결된 느낌은 아닙니다. 이 구역은 진입로나 인프라의 배치 등이 조금 특이하기 때문에 진입로에 따른 차이를 챙겨두시면 좋습니다. 또 이 구역 바로 옆에 안양로가 있어 안양에서 산본으로 넘어오는 가장 가까운 단지라는 점을 체크해 두어야 합니다.

이렇게 산본역 오른쪽 상단 구역에 대해 설명했습니다. 이 구역은 한 마디로 정의하기가 쉽지 않은 구역입니다. 구역을 나눠 설명하다 보니 조금 어렵다고 느껴질 수도 있는데 지도를 옆에 두고 읽으면 조금 더 이해하기 쉽습니다. 또한 이 내용을 읽고 현장에서 비교해 보면 그제야 이해가는 내용도 있을 테니 꼭 한번 확인해 보시기 바랍니다.

입지 가치 ③-2. 산본을 고스란히 담은 곳

이제 하나 남은 산본역 왼쪽 상단 구역에 대해 알아보겠습니다. 그림115에 나온 것처럼 고산로를 따라 위쪽과 아래쪽으로 나뉘고, 둔전공원을 중심으로 좌우로 나누기만 하면 됩니다.

이곳은 다른 구역과는 다르게 도로가 바둑판처럼 구성되어 있어 정돈된 느낌이 듭니다. 산본역, 각종 관공서, 편의시설, 상업지역을 도보로 이용할 수 있는 단지가 많습니다. 게다가 단지마다 학교를 품고 있어 거주 만족도와 선호도가 높은 편입니다. 세종주공 6단지와 을지삼

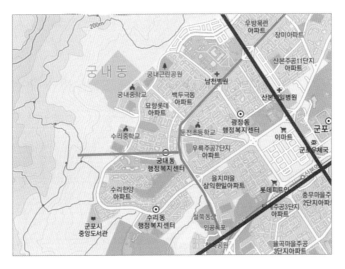

| 산본 신도시 상단 왼쪽 구역 세부 생활권

출처: 카카오맵

익한일 아파트만 평지이고, 그 외 단지는 경사가 조금 있지만 산본은 오히려 평지에 있는 단지가 더 드물어 이 점에 관대한 편입니다. 비교적 높은 지대에 있는 대림솔거와 우륵주공 7단지도 유흥상권이 발달한 상업지역과 거리를 두면서도 진입이 편한 곳이라 학부모들이 선호하는 단지입니다. 산책로도 잘 조성되어 있고, 아늑함이 느껴지는 안정적인 단지였습니다. 또한 우륵주공 7단지의 경우, 산본에서 리모델링 추진 속도가 빠른 단지 중 하나로, 어쩌면 리모델링 사업에 첫 테이프를 끊어줄지도 모른다는 기대감이 높은 곳이기도 합니다.

이제 고산로 위쪽을 알아보겠습니다. 고산로 위쪽에서도 왼쪽 구역에 갔을 때, 제일 처음 든 생각은 '이곳은 수리산과 함께하는 구역이구나'였습니다. 수리산 등산로 출발 지점이 2개나 있어 등산객도 많고, 단지 자체가 산 아래에 지어진 것이다 보니 경사가 심한 편이었습니다. 심지어 단지에서 아이젠(등산에 사용하는 도구)을 사용하여 걷는 분들을 심심치 않게 볼 수 있었습니다. 당연히 단지 깊이 들어갈수록 산자락에 가까워 공기가 좋습니다. 수리산로를 차를 이용해 이동하면 괜찮지만, 설악주공 8단지와 한양수리 아파트를 도보로 이동한다면 조금 힘든 건 어쩔 수 없습니다. 그래서 단지 내 상가가 한쪽에 크게 몰려 있지 않고 접근성을 위해 작은 규모로 여러 곳에 나뉘어 있는 것이 특징입니다. 다행스럽게도 계룡삼환 아파트 왼편으로 초등학교, 고등학교도 있었습니다.

그에 반해 오른쪽은 단지 밀집도가 가장 높고 도시 중심과 가깝다는 느낌이 드는 곳입니다. 단지 앞쪽으로 상권이 길게 늘어서 있어 낮에는 상권을 이용하는 사람들로 활기찬 모습이었습니다. 다른 고산로 위쪽 구역은 낮에 사람 구경이 쉽지 않은데, 여기는 낮에도 사람들이 좀 있었습니다. 그리고 산본에서 학업성취도가 높은 2개의 중학교 궁내중학교와 수리중학교가 여기에 있습니다. 초등학교도 2개나 있습니다. 때문에 산본에서 학군을 중요시하는 이들이 선호하는 구역이기도 합니다.

자, 이렇게 산본을 구석구석 알아보았는데 어떠신가요? 작지만 알찬

도시라는 느낌이죠. 그리고 산본은 다른 1기 신도시들에 비해 리모델링이 아주 활발한 도시입니다. 리모델링은 재건축보다 진행 절차가 간소해 도시의 변화 속도가 빠를 수 있습니다. 「노후계획도시 특별법」으로 세대 수 증가의 이점도 더해진 리모델링, 이를 통해 또 한 번 가치를 변화시킬 도시, 산본입니다.

산본의 진정한 가치

윤석열 대통령의 1기 신도시 특별법 공약은 1기 신도시에게 있어서는 효자 공약이라고 할 수 있습니다. 그런데 산본은 그에 약간 미묘한 입장이었습니다. 왜냐하면 1기 신도시 중에서도 현재 평균 용적률이 205퍼센트로 가장 높고, 소형 평형 세대가 포진한 지역이기 때문입니다. 그래서 산본의 단지들은 재건축을 기대하기 어렵다고 생각했습니다. 리모델링에 어느 도시보다 적극적으로 발 벗고 나산 단지들이 다음의 표와 같이 많습니다(2022년 10월과 2023년 2월에 조사한 내용을 바탕으로 표를 만들었는데 그 기간동안 변화한 부분은 파란색 글씨로 표시했습니다). 그런데 재건축에 대한 많은 혜택을 주겠다는 공약이 나온 것이죠. 그러나 이번에 발표된 「노후계획도시 특별법」에서 세대 수 증가라는 리모델링 혜택을 챙겨주어 상황이 조금이나마 나아졌습니다.

● 산본 신도시 리모델링 조합설립 완료 단지 리스트 ●

단지명	입주 연도	리모델링 전 세대수	평형별 세대수	리모델링 후 세대수	추진단계	시공사
우륵주공 7단지	1994	1,312	24평 675세대 25평 537세대 32평 100세대	1,508	건축심의 진행 중	DL이앤씨
율곡주공 3단지	1994	2,042	22평 1,100세대 24평 528세대 26평 204세대 27평 210세대	2,348	건축심의 진행 중	DL이앤씨
개나리주공 13단지	1995	1,778	20평 522세대 24평 1,016세대 25평 240세대	2,044	안전진단 통과 (B등급)	포스코, 현대건설
무궁화주공 1단지	1992	1,329	17평 596세대 22평 142세대 24평 116세대 25평 120세대 28평 190세대 30평 165세대	1,444	안전진단 통과 (13동 B등급 2동 C등급)	현대건설
설악주공 8단지	1995	1,471	16평 126세대 18평 538세대 20평 807세대	1,691	조합설립 ('22.3)	시공사 선정 진행 중
퇴계주공 3단지	1995	1,992	16평 505세대 17평 654세대 18평 833세대	2,202	조합설립 ('23.1)	시공사 선정 준비 중

출처: 조사자 풀리 님 임장 보고서

조합설립 단계까지는 5개 단지, 조합설립을 위해 동의서를 걷고 있는 단지는 7개 단지에 달합니다. 임장을 다니다 보면 산본이 정말 리모델링에 상당히 열정적임을 알 수 있습니다. 앞에서 보셨다시피 동의율이 얼마나 되는지까지 플래카드를 만들어서 걸 정도니까요.

• 산본 신도시 리모델링 조합설립 전 단지 리스트 •

단지명	입주 연도	리모델링 전 세대수	평형별 세대수	리모델링 후 세대수	추진단계	시공사
덕유주공 8단지	1996	267	23평 단일세대	292	주민동의율 70% 초과 달성	비역세권 산본 신도시 외곽
충무주공 2-2	1993	476	19평 160세대 24평 316세대	546	주민동의율 67% 달성	역세권 산본역 도보 3분
백두한양 9단지	1994	930	35평 682세대 46평 128세대 54평 99세대 등	1,060	주민동의율 65% 달성	비역세권 산본역 버스 15분 초·중품아
한양목련	1994	1,040	35평 397세대 46평 333세대 54평 243세대	–	–	비역세권 산본역 버스 10분 초·중·고품아
동백우성	1993	624	38평 528세대 49평 96세대	–	–	비역세권 금정역 도보 20분
금강 9단지 1차	1994	1,318	17평 356세대 18평 267세대 24평 177세대 25평 518세대	1,515	22.8.22부터 동의서 징구	비역세권 산본역 버스 15분

출처: 조사자 풀리 님 임장 보고서

그렇지만 산본에도 재건축을 추진하는 단지가 있습니다. 다음의 표를 보시죠. 이는 중동과 비교하면 정말 많은 편입니다. 하지만 지자체가 세부 사항을 정해줄 때까지 우선 대기해야겠지요.

● 산본 신도시 내 재건축 사업 진행 단지 ●

단지명	입주 연도	세대 수	평형별 세대수	용적률	대지 지분	역세권 여부	대지 용도	추진 단계
한라주공 4단지 1차	1996	267	23평 단일세대	115%	평균 17.1평	역세권 500m 이내 (수리산역)	3종 일반주 거지역	예비안전 진단 통과
가야주공 5단지 1차	1994	930	35평 682세대 46평 128세대 54평 99세대 등	129%	평균 14.8평	역세권 500m 이내 (수리산역)	3종 일반주 거지역	'23년 예비안전 진단 신청 예정
매화주공 14단지	1995	1,992	16평 505세대 17평 654세대 18평 833세대 (영구임대 1,340세대)	148%	평균 14평	역세권 500m 이내	3종 일반주 거지역	예비안전 진단 준비 중
산본주공 11단지	1993	476	19평 160세대 24평 316세대	183%	평균 9.5평	비역세권	3종 일반주 거지역	예비안전 진단 탈락

출처: 조사자 풀리 님 임장 보고서

위의 리모델링, 재건축 단지 리스트만 봐도 바로 알 수 있습니다. 산본은 「노후계획도시 특별법」이 진행될수록 재건축은 재건축대로, 리모델링은 리모델링대로 상승의 바람의 탈 수 있는 지역이라는 것을 말입니다. 또한 평단가가 낮은 편에 속하기 때문에 가격도 상대적으로 가벼운 편이고, 투자금도 분당이나 평촌에 비하면 적게 드는 편입니다. 게다가 소형 평형의 단지 중 리모델링을 진행 중인 단지가 많으니 대형 평형에 투자하는 것보다 필요한 투자금이 적고, 고려할 수 있는 단지가 조금 더 많습니다. 규모가 작은 도시이기 때문에 변화가 가시화되기에도 좋습니다. 이렇게 장점이 많은 도시, 산본을 꼭 한번 챙겨 보시기 바랍니다.

풀리 님의 현장 임장 보고서 일부

* 임장 보고서 전체 내용은 부록(2권)에 수록될 예정입니다.

임장 후 생각 톡톡

1기 신도시 중 산본만의 차별점을 떠올리면 두 가지가 먼저 생각납니다. 바로 '낮은 평단가', 그리고 '리모델링'입니다. 다른 1기 신도시와 비교했을 때 산본 신도시는 확실히 저렴합니다. 그렇다고 미래 가치도 없을까요? 산본 신도시는 리모델링이 빠르게 진행되는 도시입니다. 게다가 그 단계가 많이 진행된 단지도 많습니다. 건축심의를 앞둔 단지만 해도 3곳이며, 리모델링 조합이 설립된 단지까지 포함하면 6개나 됩니다. 그런 만큼 산본 신도시를 살펴보실 때는 리모델링이라는 키워드를 중요하게 여기며 가치를 비교 평가해 보시는 것이 좋겠습니다.

이때 현장에 가보는 것이 필수겠지요? 본 임장 보고서에서 제안하는 임장 동선을 따라가면 산본 신도시에서 먼저 봐야 할 단지부터 기준점을 잡고 갈 수 있습니다. 핵심은 단지를 이동할 때마다 리모델링이 본격적으로 추진되고 있는지, 어느 단계까지 와있는지 확인하는 것인데요. 더 중요하게 챙겨야 할 것이 있습니다. 바로 입지입니다. 역에서 가까운지, 편의시설은 많은지, 학교는 어디로 배정되는지 등은 단지의 가치를 결정하는 중요한 요소입니다. 즉, 리모델링 추진 여부와 입지에서 나타나는 차이점이 가격에 어떻게 반영되었는지 확인하면 되는 것이지요. 이러한 과정을 통해 어느 단지가 저평가되었는지 투자할 만한 가치가 있는지를 판단하기 좋은 곳이 바로 산본 신도시입니다.

여기서 한 단계 더 나아가볼까요? 사실 리모델링은 부동산 시장과 정부의 정책변화에 영향을 받는 편입니다. 그러므로 임장을 가는 시기에 따라 리모델링에 주는 점수를 가감할 수 있어야 하겠지요, 가령 「노후계획도시 특별법」에서 역세권 단지를 재건축할 시 용적률을 500퍼센트 상향해주고 안전진단을 면제해 준다고 하는데요. 그러면 영향을 받는 단지가 생길 수 있겠지요.

이렇게 임장하면서 핵심적인 정보에 하나씩 살을 붙여 나가시면 됩니다. 아직 착공하지는 않았으나 상승장에서 기대심리가 어마어마했던 GTX-C 호재도 생각해 볼 수 있겠네요. 시간이 지날수록 GTX-C에 대한 사람들의 기대가 어떻게 변하고 가격에 어떻게 반영되는지 알아보는 것도 재미있을 것 같습니다. 자, 산본 신도시를 어떻게 임장하면 될지 윤곽이 잡히시나요? 이제 여러분이 임장을 통해 이해의 폭을 넓혀볼 차례입니다.

1. 왜 산본인가?

낮은 평단가	• 평단가가 낮아 투자로 진입하기에 부담이 없음 • 산본의 평단가는 약 1,777만 원으로 구축단지 20 평대를 3~4억 원대에 매수할 수 있어 절대가격이 낮은 것이 큰 장점 • 게다가 이 단지들은 지난 상승장에서 약 6억까지 거래되었던 단지들로 언제라도 훈풍이 불면 다시 상승할 여력을 품고 있음.	 | 1기 신도시 평단가 (2023년 2월 기준) 출처: 호갱노노

적은
투자금
	• 실거주 만족도가 높아 전세가가 높게 형성되어 매매 가격과 전세 가격의 차이, 즉 매전갭이 작음(호갱노노 기준)
	• 산본은 부천 중동과 더불어 매전 갭이 1~2억대
	  – 산본역 남부권역인 산본동(2.3억)
	  – 산본역 북부권역인 금광동(1.4억)
	  – 부천 중동(2.3억)
	• 반면, 일산/평촌/분당에 투자하려면 최소 3억 원 이상이 필요할 것으로 예상
	  – 평단가가 1,500만 원대로 가장 낮은 일산 신도시 주엽동(3억)
	  – 평촌 신도시의 평촌동(3.3억), 분당 신도시는 4.5억~7.7억 원대 고루 분포
		
		| 산본 매매 가격과 전세 가격의 갭
		출처: 호갱노노

활발한 리모델링	• 산본 신도시는 용적률 높은 주공아파트가 많아 재건축 보다 리모델링에 적극적 • 1기 신도시 중 분당 다음으로 리모델링 진행 속도가 빠름 – 분당은 총 6개 단지에서 리모델링을 추진 중이며, 사업계획이 승인되어 이주 예정인 단지만 5곳(정자동 한솔마을 5단지, 구미동 무지개마을 4단지, 느티마을 3단지, 4단지, 야탑동 매화마을 1단지, 2단지) • 추진 속도가 빠른 '우륵주공 7단지'가 선두주자로서 주변 단지에 긍정적인 영향력을 미쳐 전반적으로 시너지가 날 수 있는 곳	

2. 임장 후 생각

산본 내 전통적으로 입지 가치가 높고 시세를 견인하던 단지(메인평형 가격은 23.2
월 실거래가 기준)

단지명	개요	특징	현장사진
래미안 하이어스	준공년도: 2010년 9월 세대수: 2,644세대 메인 평형: 34평 메인 평형 가격: 7억 후반 ~8억 초반 (최고가 12.4억)	• 금정역 도보 이동 가능(약 800m) (산본 신도시 주민들은 산본역보다 금정역을 선호) • 궁내중 배정이 불가하나 선호층이 있음(특목고 진학자녀가 있는 가정 등) • 힐스테이트 금정역 준공 전에는 산본 내 유일한 준신축 • 브랜드 아파트이자 준신축이어서 가장 선호됨 • 5층 주공아파트가 재건축된 아파트로서, 주변 구축아파트에 미래 청사진을 그리게 한 아파트	
대림 솔거	준공년도: 1993년 9월 세대수: 1,158세대 메인 평형: 37평 메인 평형 가격: 22년 말 거래없음 (최고가 8.87억)	• 산본역 도보 이동 가능(약 750m) • 초품아이자 산본 1위 중학교인 궁내중학교에 배정 가능한 단지 • 도보로 산본도서관, 이마트, 중앙공원까지 이동이 편리함 • 우륵주공 7단지에서 평수를 넓혀 이사 오는 수요 많은 편 • 산본역 이외 금정역 이동도 편리 (금정역까지 버스 약10분) • 단지 건너편 남천병원 앞에서 삼성 등 대기업 출근버스 승차 • 재건축 추진위원회 단계에 있는 단지 • 학군만 고려하면 9단지 한양마을이 더 선호됨. 실제로 천사유치원-궁내초등학교-궁내중학교 순으로 자녀를 진학시키기 위해 유치원 때부터 9단지로 이사가는 학부모도 있음	

| 세종주공
6단지 | 준공년도:
1994년 7월
세대수: 1,827세대
메인 평형: 24평
메인 평형 가격:
4억 초반 | • 산본역 남부권 단지 중에서 역까지 가장 가까운 단지(약 350m)
• 산본역세권 20평대(율곡주공/세종주공/우륵주공) 중 가장 먼저 매매/전세 가격을 이끄는 단지
(매매 최고가 : 세종주공(6.2억) 〉 우륵주공(6억) 〉 율곡주공(5.95억))
• 산본에서 가장 먼저 리모델링 추진위원회를 설립했으나, 조합 내부사정 등으로 인해 10년 넘게 조합설립인가를 받지 못하고 조합창립총회 개최가 무산됨
• 최근에는 재건축으로 방향을 틀어 추진 중임 | |

리모델링 호재로 인해 주목받는 단지(기재된 리모델링 추진단계는 23.2월 기준)

단지명	개요	특징	현장사진
우륵주공 7단지	준공년도: 1994년 7월 세대수: 1,312세대 메인 평형: 24평 메인 평형 가격: 3억 후반~4억 초반 (최고가 6억)	• 산본 신도시에서 리모델링 추진 속도가 가장 빠른 단지 (환경영향평가 진행 중) • 산본역 남부권에 위치 • 역까지 도보이동 가능(약 700m) • 길을 건너지 않고 초등학교까지 등교할 수 있음 • 산본에서 특목고 진학률이 가장 높은 궁내중학교에 배정되는 단지 • 주공이지만 소형 평형은 없고 24평, 25평, 32평 등 평으로 구성되어 가족단위 실거주자들이 선호	

율곡주공
3단지
	준공년도:
	1994년 5월
	세대수: 2,042세대
	메인 평형: 22평
	메인 평형 가격:
	3억 중후반
	(최고가 5.95억)
		• 산본 신도시에서 리모델링 추진
		  속도가 2번째로 빠른 단지
		  (환경영향평가 진행 중)
		• 산본역 북부권에 위치
		• 역까지 도보이동 가능(약 700m)
		• 단지 옆으로 초등학교, 중학교,
		  고등학교까지 품은 아파트
		• 우륵주공 7단지와 비교했을 때
		  상권까지의 거리가 더 멀고 학업
		  성취도가 더 낮은 학교로 배정된
		  다는 차이점이 있음
		• 산본역에서 단지까지 가는 길이
		  약간 경사져있음
		• 2020년에 율곡/퇴계/충무주공
		  등으로 법인투자가 활발했음	

개나리
주공
13단지
	준공년도:
	1995년 11월
	세대수: 1,778세대
	메인 평형: 24평
	메인 평형 가격:
	2022년말 거래 없음
	(최고가 5.85억)
		• 산본 신도시에서 리모델링 추진
		  속도가 3번째로 빠른 단지
		  (교통영향평가 진행 중)
		• 비역세권이며 금정역까지 버스
		  이동(약10분)
		• 층수를 높이는 수직증축이 가능
		  한 안전진단 결과(B등급)
		• 신속한 추진을 위해 층은 그대로
		  두되 옆으로 면적을 넓히는 수평
		  증축과 추가로 동을 건설하는 별
		  동 증축을 진행 중임
		• 아파트가 밀집되어 있지 않고 동
		  떨어진 곳에 위치해 있음
		• 초등학교와 중학교를 품고 있으
		  며 단지 앞에 어린이도서관 있음
		• 대형마트나 학원가 상권과 거리
		  가 멀어 단지 내 상가가 활발
		• 24평은 산본에서 귀한 20평대
		  방 3개 화장실 2개 구조임	

무궁화 주공 1단지	준공년도: 1992년 4월 세대수: 1,329세대 메인 평형: 17평 메인 평형 가격: 2억 후반 (최고가 4.5억)	• 산본 신도시에서 리모델링 주진 속도가 4번째로 빠른 단지 (교통영향평가 접수 예정) • 산본역 북부권에 위치 • 산본 신도시에서 준공년도가 가 장 빠른 단지 중 하나 • 언덕에 위치해 있으며 역까지 걸 어서 갈 수는 있으나 횡단보도를 2번 이상 건너야 함 • 17~30평대까지 다양한 평형대 고루 분포하며 초·중·고등학교 가 인근에 있어 단지 내에서 평 형을 넓혀 이동하는 실거주자가 많은 편 • 리모델링 안전진단까지 통과했 으나 단지 입구에 재건축 추진위 원회 플래카드가 함께 걸려있음 (재건축 추진위는 실체가 없고 대외 적인 활동이 없다고 함)	
설악주공 8단지	준공년도: 1995년 11월 세대수: 1,471세대 메인 평형: 20평 메인 평형 가격: 3억 이하 (최고가 4.8억)	• 산본 신도시에서 리모델링 추진 속도가 5번째로 빠른 단지 • 조합설립이 완료된 단지 중에서 가장 외곽에 있는 비역세권 단지 • 산본 신도시에서 준공년도가 가 장 늦은 단지 중 하나로 동간 거 리가 넓고 구축 단지 중 주차가 여유로운 편임 • 인근에 휴양림이 있으며 지대가 높아 선호층이 있음 • 차로 출퇴근하는 젊은 층이나, 산본 신도시에 자녀가 사는 경우 손자손녀를 돌봐주실 부모님 세 대가 거주 • 금강주공 2차와 평형대가 비슷 해서 실수요자들이 같이 비교하 는 단지 (금강주공 2차는 상가가 활 성화되어있고 역으로 이동이 편리함)	

단지명	개요	특징	현장사진
퇴계주공 3단지	준공년도: 1993년 6월 세대수: 1,992세대 메인 평형: 18평 메인 평형 가격: 2억 후반대 (최고가 5.37억)	• 산본 신도시에서 가장 최근, 6번째로 조합설립인가를 받은 단지 • 산본역 북부에 위치한 초역세권 단지 • 10평대 소형 평수만 있는 대단지 • 설악주공 8단지에 비해 주차가 여유롭지는 않음 • 1~2인 가구가 지하철로 출퇴근 하기 편리하고 상권과 가까워서 찾는 단지 • 단지에서 산본역 가는 길목에 고가가 있어 거리는 가까워도 중심 상권과는 다소 단절감이 느껴짐	

GTX-C 호재로 인해 주목받는 단지

단지명	개요	특징	현장사진
산본주공11 단지	준공년도: 1991년 8월 세대수: 1,400세대 메인 평형: 24평 메인 평형 가격: 2022년말 거래 없음 (최고가 6.5억)	• 산본 신도시에서 입주가 가장 빠른(1991년) 재건축 추진 단지 (예비안전진단 준비 중) • 래미안하이어스를 제외하면 다른 단지들보다 금정역까지 거리가 가까우며(약 1km) GTX-C 호재 영향을 많이 받는 단지 • 초품아이며 산본 신도시 2위 상권 및 학원가가 바로 옆에 있음 • 전세 수요도 꾸준한 편 • 지하주차장이 없어 주차 공간이 부족 • 재건축된 대장 아파트 래미안하이어스 바로 옆에 위치하여 재건축 전후 모습이 대조되는 풍경을 볼 수 있음	

금정역 일대 재개발 구역	산본1동 1지구 및 2지구 금정역 역세권 지구	• 금정역 일내 낙후된 도심에 지징된 재개발 구역은 총 3곳 • GTX-C가 완공되면 금정역 초역세권 신축 아파트로 탈바꿈될 곳 • 산본 신도시 구축 아파트가 리모델링 되고나면 입지와 상품성이 비교될 만한 곳임	

1기 신도시
재건축의 미래 지도

초판 1쇄 발행 2023년 4월 10일

지은이 메디테라(정은숙)
발행인 곽철식

마케팅 박미애
펴낸곳 다온북스
인쇄 영신사

출판등록 2011년 8월 18일 제311-2011-44호
주소 서울 마포구 토정로 222, 한국출판콘텐츠센터 313호
전화 02-332-4972 팩스 02-332-4872
전자우편 daonb@naver.com

ISBN 979-11-90149-98-3 03320